我有分數

給跨代女性的35句知心話

羅乃萱 著

序

我有分數，因為現在已踏進花甲之年，但仍抱著赤子之心，對自己的長處優點、夢想理念，都一清二楚，不再靠賴「旁人」為自己打分數。回想過去，試過失意徬徨，試過跌跌撞撞，也試過拿獎的喜悅，更開心的是聯絡更多的「同道中人」，時至今日仍蠢蠢欲動想著怎樣可以繼續追逐夢想，繼續為這個城市帶來「正能量」。

所以，如果在此時此刻為自己打分數，老娘會毫不猶疑給自己八十分，算是比平均高了，但也不算卓越，仍覺得有許多的「進步」與「努力」的空間。

我有分數，也是有些時候，面對旁人指點的回應。老實說，活到這把年紀，因著過去的歷練，對人事物的看法已有某種「定見」，不會因人云亦云而改變，內心堅持的也是一直相信的「真善美」、「信望愛」，不會因時移勢易而忘記初衷。

這本書的另一個特點是，我是先取了「書名」，才想內容。所以當編輯跟我談到這本新書的理念，我的堅持就是，一定要用這個「書名」才動筆（感謝編輯對作者的尊重和配合）。所以書名一拍板，我便下筆如神。

這本書表面看來，像是寫給我身邊不同的朋友。其實，當中有我也有她更可能有你。有時，是自己寫給自己的，有時，是寫給幾個朋友的「合體」，有時，是描寫跟一位的相處「內容」已豐富足夠。這些所謂「獨白」，有些我傳了給「當事人」看（反應都十分正面），有些我沒有傳，因為沒有聯絡或她們可能不知道自己是篇中的主幹脈絡，我的期盼是：希望有天她們會讀到，甚至「對號入座」。

不過我深深相信，書中這些女性在原生家庭受到的排斥忽視、面對猝然而來的失業退休、身邊親人猝然去世，或者單身女性渴求愛的「妄想」、走過婚姻破裂的心碎日子等等，都是我們女性的共同體驗。但感恩的是，我也碰上一些懂得華麗轉身、擁有三頭六臂深懂待人處世之道的神奇女俠，在她們身上也學了不少「絕招」。

相信看這本書的讀者，一定有些讀過我每天在「羅乃萱臉書專頁」的「十訣」或其他文字的分享。曾被不少讀者問過，怎能寫出這些與讀者感情共鳴的文字，背後一定有很多「不想為人知但又該為人知」的故事。

謝謝「心水清」的你，對！很多時候一句話寫出來，其實是跟那陣子見面的她有關。有時「言有盡」便寫下這些忠告，但當中的畫面與片段，仍是念念難忘。最終，便找到這樣一種虛虛實實、真真假假的寫作方式，希望能引起你的共鳴（也鼓勵男讀者送給身邊關心的配偶或女友好友）。但更沒想到的是，在寫作的過程中，有些稿是醞釀了好幾天、含著淚寫的。看來，我是真情流露的……

希望讀這本書的你，也帶著「真情」來讀吧！

目錄

Part 2 告誡自己，別坐說翻就翻的友誼小船，因為會遍體鱗傷

Part 3 提醒自己，別吝嗇感恩那些與我們同行的人，因為他們值得

Part 5 治療自己，放下一切煩擾不再勉強，因為人生總有遺憾

Part 6 表達自己，珍惜與家人相處的時光，因為我們都敵不過時間

Part 1

放過自己，
別被我們的天性為難了，
因為會很累

1

胡思亂想讓我們無法專注地面對自己所擁有的現實，並為此感恩。

女人，真的很難戒掉這胡思亂想的壞習慣，有人甚至說，這是女人的天性。

這也難怪的！我們每天接收不同的資訊，聽到友人A找到夢中情人決定結婚了，友人B被老闆賞識提拔升職了，收到好消息該是替她們開心的。但不知怎的，總是有根刺，生了點點「耿耿於懷」。因為想到此刻的自己，無論怎樣努力，好像都得不到賞識，每逢夜闌人靜，更渴望找個可以依靠的伴侶……有姊妹告訴我，如今已過適婚之齡，無論怎樣，今年也要談一場轟轟烈烈的戀愛，哪怕讓自己粉身碎骨，也要賭一下……只是時至今日，那個理想的他仍無影無蹤。

想著想著，意志就開始消沉，覺得周圍的人事物都不如意，不對勁。

這是女人愛「比較」的胡思亂想帶來的後遺症。

至於另一種的胡思亂想，叫「疑心生暗鬼」，那更可怕。

如今天碰到好友C，她滿臉愁容告訴我：「剛做了身體檢查，醫生說我的血液報告出了問題，要繼續做檢查。我會不會得了癌症……」說罷，就嗚嗚嗚地大哭。看不出這位大公司高層，有一千大軍在她旗下，一個血液報告就讓她整個人幾乎崩潰，甚至想到要怎樣安排仔女去外國唸書，跟保險顧問商量如何安排財務後事等等，讓自己陷入極度憂慮的深淵。

女人啊女人，無論外表怎樣剛強，原來都愛胡思亂想，把眼前看到的聽到的無限擴大，加上無限想像，最後變成「自己嚇自己」。更無奈的是，言者無心嚇唬我們。但作為聽者的我們，卻會把這些話存記在腦海中仔細咀嚼，甚至對號入座到自己身上。

其實，這種胡思亂想的壞習慣，女人常有。可以改嗎？當然可以。

如果你做過投資，就知道若投資環境不利，就要很快「斬倉」退出。面對腦袋的胡思亂想，我也愛用這套方式，就是讓思緒停在一個「止蝕點」，不要讓那些可怕的、嫉妒的、比較的想法，繼續在腦海中有迴旋（或無限 loop）的餘地。

我記得你曾跟我說，凡事都要「未雨綢繆」，但太多的「未雨綢繆」會讓自己過度「自尋煩惱」。記得日本多摩美術大學教授、庭園設計師枡野俊明曾說過：「你所煩惱的事，有九成都不會發生！」

我認識樂觀豁達的她，面對過不少壞消息。聽到她最常說的口頭禪就是「煮到來就食」，「到時再算」，絕對不會把精力浪費在「還沒知道會否發生」的事上。所以每次跟她會面，都見到她嘻哈大笑，高談闊論，自嘲是「貼地地活在當下」。你說她是逃避現實，她卻會反駁：「胡思亂想才是真正的逃避，讓我們無法專注地面對自己所擁有的現實，並為此感恩。」

還記得那天我心情壞透，她知道我的狀況，硬要我請一天假，帶我到藝術館看展覽。

「你要靜靜地站在那些對你有感覺的藝術品面前，讓它對你說話！」當時給我最深刻印象的是那個名為《給想飛的人》的立體作品，展示了十多支用木製成的螺旋槳，螺旋槳流線型的表面給觀眾一種躍躍欲飛的衝動。對當時心情沉鬱、悶悶不樂的我，的確有一種心靈提升的療效。

「當人沉溺於暗黑與憂慮的深淵，就要跟藝術中的『真善美』邂逅，讓我們重拾對未來的盼望與力量。」她的這句話，我一直牢記於心，成為心情低落時的一盞明燈。

親愛的你，請停止胡思亂想吧！乖乖聽我勸告，嘗試拋掉煩惱擔憂，跟我去逛逛海濱，看看亂石堆生出來的嫩草，聞聞海風的味道，看看麻雀在樹下覓食，把自己一頭栽進大自然的懷抱，好嗎？

非專家的小建議

找一個遼闊的海濱長廊，找一段平直的路，去聞聞海風，聽聽鳥語。如果可以，最好親近一下維多利亞港，更要讓自己停在某一個點，看看夜空的繁星閃耀，看看兩岸那些像披上寶石鑲嵌的高樓大廈，看看幻彩般的景色，看看清澈明亮的灣仔會展幕牆等，會否勾起哪些難忘的回憶？

又或者，在海濱路上，試試倒後行，嘗試看看不一樣的風景。我試過，慢慢倒後走路，會走得特別小心專注，看到風景的角度也不一樣，也許給我們多點走出困局的靈感呢！

2

渴望一段感情已久的你，總是不聽，
執意要談一場轟轟烈烈的戀愛。

你說，自己一向專一，卻碰上見異思遷的他，真是倒霉！

你一心一意對他，他說甚麼你都沒意見，總是唯命是從。因為你覺得到了這把年紀，還有人追求，而且是條件不錯的他，早已像中了頭獎般雀躍。

是的，見到談戀愛後的你，神采飛揚，簡直脫胎換骨似的。但萬萬沒想到，他的所謂愛情，保存期限連六個月都不到。然後，就是對你的來電不回，WhatsApp 也是已讀不回，看著那兩個已讀的藍剔號像根刺針，很扎心。直至有天，好友告訴你，他牽著另一個比你年輕貌美的女孩的手在中環逛街，聽到這個晴天霹靂的消息，你的淚水如決堤般傾瀉。

率直的你，當然大興問罪之師，沒想到他卻是理直氣壯來個剖白：「我跟你好的時候真的喜歡你。現在我遇上她卻是一見鍾情，雖然內心備受自責的煎熬，但還是情難自禁……」

「我相信他仍是深愛我的，否則他不會自責。」沒想到哭成淚人的你，仍執意相信他的自責是出於愛，而非因為擺脫不了你的糾纏而編造的藉口。

親愛的，看著你在情場打滾，傷痕累累，就是因為覺得自己年紀漸大，很想談一場刻骨銘心的戀愛，而患上了「愛情渴想症」。這個症的徵狀，讓你終日活在忐忑不安之中，整日疑神疑鬼，覺得身邊人都是對你有意思：

「那天我生病，他特意來問候我！」

「好幾天下班都在小巴站碰見他，好像故意等我下班！」

每次收到你這些訊息，我都會請你看清楚，想清楚。只是渴望一段感情已久的你，總是不聽。

直到遇上這個他，你篤定地以為就是「真命天子」，談了戀愛沒多久，你就跟對方談婚論嫁。但奇怪的是，你愈催逼追問，他就愈疏離。

「男人，都是這樣『愛後即棄』嗎？」這天接到你的電話，又是這個問題。

「不能一概而論。不過在辦公室，誘惑到處都是。但對你來說，可能更重要的是你還沒有機會認識他的為人。」如他的家人，身邊的朋友等等，你從不過問，只是一頭栽進愛情的漩渦，那才要命。說不定，他同時跟幾個女的在約會，卻把你蒙在鼓裡。我不是沒聽過類似的「個案」，只是當事人怎樣也不願意相信，還以為自己是萬中無一的「那個」。

結果呢？你失戀了。那天，跑到我家中，倒在我懷中，狂哭不停。哭吧！哭吧！嘴巴很想跟你說：「早知如此，又何必……」還是不要了，難道你沒聽過別人的勸告嗎？只是熱戀的你，耳朵聽不進去。

這段日子，就讓我們這些不離不棄的好友，跟你圍爐夜話，促膝談心吧。心中有甚麼委屈不忿，盡訴心中情就是。要不，一起陪你到你最愛去的山頂走走，或來一個姊妹淘的 staycation 又如何？

認識一位好友，她在遭受情傷的那段日子，跑了去學陶瓷。在學習的過程中，她感覺到自己就像一塊泥土，被身邊的經歷陶造，最後成了一個漂亮的杯子。也因此得著一番頓悟，深深覺得：「**回頭去看，每個經歷都是好的！把內在最深的我挖了出來，重新捏造成為更美好的我**。」看到她臉上的釋然，深深相信她已從情傷的深淵中爬出來了。

其實，失戀的幽谷，我也走過。碰到一個不懂得珍惜自己的人，還誤信對方甚麼「大家還年輕，該認識多些朋友，見識多些世面，才決定跟誰談戀愛也不遲」，原來都是堂而皇之的分手藉口。雖然我的故事發生在幾十年前，沒想到近日碰上失戀的一些姊妹，聽到的也是這種了無新意的「藉口」。

老實說，失戀並不可悲。只不過是讓我們看清楚對方的為人，免得將來後悔莫及。不過親愛的，每趟跟你見面，你都談到對愛情的渴求，這才是我最擔心的。生怕你再次遇人不淑，生怕你又被另一個他摔至心靈破碎，試問一個人能承受多少次掏心掏肺的愛呢！

別哭了，別再為那個不珍惜你的人再多流一滴眼淚。此刻，就讓我抓著你的手，走出那個失戀的牢籠，好嗎？

非專家的小建議

找一樣從沒學過但一直想學的「興趣」來學學，說不定在學習的過程中，讓我們也來個「另類」的「見異思遷」，把思想調教至另一個向度，沉醉在所喜愛的事物中，可以治癒情傷呢！

3

在感情的路上，選擇了孤注一擲，
把整個人都豁了出去。

每個人的心裡，其實都有一片曠野。有的人愛在曠野流連，有的人被放逐在那兒，但只有你，一直知道它存在，卻不敢踏足進去。

也許，這跟幼承庭訓有關。

從小，媽媽就教導你，要聽話啊，要當個乖乖女啊。所以，你在人前人後，表現得乖巧，聽話，從不敢忤逆媽媽的心意。在學校，更是位勤奮的好學生，是老師眼中的寵兒，更是班長的最佳人選。

出來社會工作，因著大學優秀的成績，很快就考進夢寐以求的大公司，因著你的勤奮順從，很容易便得到老闆的歡心。職位步步高升，在愛情的路上，你也走得比別人順暢，工作了沒幾年，就遇到富貴人家出身的他。兩情相悅，談了兩年戀愛，就踏上紅地毯那端。還記得那個羨煞旁人的婚禮，惹來不知道多少姊妹的艷羨甚至妒忌，簡直是人生勝利組的典範。

直到你在一個宴會中碰到了不羈的他，好像把你整個人生扭轉了。說實在的，他的談吐、氣質跟你的背景南轅北轍，但卻深深吸引著你。你習慣到高級餐廳吃飯，他卻帶你到大排檔吃雲吞麵。他常以工作為藉口約會你，你總是說他給你很多鬼主意，是你想也沒想過的。就這樣，你跟他交往起來了。你說，他是你的異性知己，在我眼中，你可能已踩在「婚外情」的鋼線上。

還記得那些年，你約我出來喝咖啡，把我當成你的訴「甜」對象，將你倆「精神約會」的細節向我一五一十地道來。你說，我是唯一願意聆聽的人。因為其他人都會勸你回頭是岸，別一頭栽進去一個陌生人的甜言蜜語圈套之中。唯獨我總是默默地守在你身旁，聽你訴說這段瘋瘋癲癲的戀情。其實，我不是認同你，只是當沒有一個人能守在你身邊的時候，我選擇去當你的「守護者」。

我曾問過你：「若被你的老公發現了，他會怎樣回應？」你的解釋總是：「我跟他除了心靈交流之外，甚麼都沒發生啊！」

只是，兩情相悅，你們的感情很快就越過了那條界線。最後，紙包不住火，你的老公也知道了。

「那又怎樣？我跟他離婚就是，而且分文不要！」還記得那天，你約我出來，談及決意離婚的事，眼神是堅定的，語氣是決絕的。

「你不後悔嗎？」

「離開他，總比在豪門受氣好！」嬌生慣養的你，真的相信他會帶你遠走高飛？至於在豪門受甚麼氣，你不是說自己早習慣了嗎！

「我不管了！**我這一生都活在別人的期望下，不敢違背。這趟，就讓我當一個壞女孩**，好嗎？」

也許，這才是你的心底話。你不想繼續當父母眼中，別人眼中的乖乖女，所以，你這趟在感情的路上，選擇了孤注一擲，把整個人都豁了出去。

結果，你跟他的戀情維持不到一年，他說去外國公幹一個月，怎知從此一去不回。你發瘋似的找他，但一直無法聯絡，他的電話沒人接，消失得無影無蹤。那時，看到你每天以淚洗臉的樣子，實在於心不忍。但經歷過感情受創後，卻如一頭脫韁的野馬，讓自己陷入停不了的戀愛漩渦：一個接一個的情人，一場接一場的戀愛，到最後，你又選擇再嫁入豪門。

本來以為你終於找到值得投靠的歸宿，怎知那次跟你喝下午茶，你的一句話卻露出端倪。

「生活過得寫意嗎？」

「還好！」你淡淡地回應。

「好想去你家看看，你的新居有怎樣的設計啊！」因為你素來都是對設計有心得，有要求的人。

「不用來了，都是奶奶的主意。我唯一能決定的，就是該買哪種牌子的廁紙。」

「你老公或你才是一家之主，對嗎？」

「不！老公一直在老爺公司打工，吃住都是靠夫家供應，我這個再嫁的媳婦，一點地位都沒有。」

親愛的，我們也整整認識超過二十年，你也快過四十了。臉龐已經沒有少婦的吹彈得破，笑容也欠了一份嬌媚，也許因為生活的不如意，眼角的皺紋很深（有點老態畢現）。跟老公走在一塊，不似夫妻卻像一對姐弟。

我不知道該說甚麼話來開解你。

「我知錯了，該是時候好好學習愛我的老公，珍惜我所有的，是嗎？」是啊，但願此刻的你，能勒住內心那匹感情的野馬，別再讓牠狂奔，當老公的好太太，奶奶的好媳婦，好嗎？

非專家的小建議

記得多年前，在約旦的佩特拉古城旅行時，騎上了一頭脫韁的野馬。也許牠深知我不懂駕馭牠，一拍韁繩，牠就在沙塵滾滾的路上狂奔，我騎在上面，東歪西倒的嚇個半死。如果真有這樣「狂野」的朋友，不如邀請他去試試騎馬，領略一下那種脫韁的驚嚇吧！

4

這不正正是我們女人的死穴，
叫做「死心塌地」。

這個晚上，三個女人難得約在一起，只有一個目的：大吃大喝。

她一看餐牌，點了邪惡的炸雞，年紀較輕的她也不賴，來一客海鮮披薩。我嘛，不敢放肆，點了一個超有營養的藜麥沙拉。

起初，大家的談話都是不著邊際。聊聊誰的好友移民，誰的孩子進了神校，但她終於忍不住了，冒了一句：「我辭職了！」

「真好！你終於肯辭職啦！」聽罷，我們激動得拍掌歡呼起來。

「來，來一瓶啤酒，賀她脫苦海。」她臉上隱隱埋藏的愁容，頓時化成了笑意，雖然眼眶裡還是看到那滴淚。

「怎麼？仍是捨不得！」

「有點吧！」她點點頭。

三個女人之中，她剛踏入中年。正當她以為事業如日方中的日子，部門來了一個新同事，據說是老闆特意編排的，成了她的副手。還記得副手第一天上班，給她的印象是個溫柔女子，挺有書卷氣，還口口聲聲跟她說：「老總常在我面前稱讚你，往後還要向你多多學習！」

萬萬沒想到，良善只是外表。裡面，卻是個工於心計的「小女人」，一點都不像外表那樣單純。

但那時候，她一點警覺都沒有，還傻傻地拉著對方去開會，合作無間。有甚麼新點子，都會毫無保留跟對方分享。哪知道某天，聽到這個人在開會時把她的企劃一字不漏向老闆報告，但對她這位「原創者」卻隻字不提。她心想：「她是在『偷』我的點子，將之變成自己的啊！」

往後的日子，她發現這位「副手」頻頻進去老闆房。有一次，她在無意中見到她拿著一個名牌店的袋子，遞給老闆的秘書。她的疑惑更多了：「她算是送禮給老闆嗎？」

直到有天，她本來要開部門的主管會議。怎知道老闆來了一個電郵，吩咐她一定要帶「副手」去。她感覺那是一種威脅，但又能如何？

記得那趟她跟我們兩個閨蜜提及，我們已力勸她：「走吧，走吧！外面海闊天空啊！」重情重義的她，就是不聽。直到那天，老闆把她召了進去，告訴她公司總部有指令下來，要業務重組，會把她調離原來的部門。

「那我會調到哪個部門？」

「還沒決定，要想想看！」她感覺這一著，等於逼她自願離職。最後，殘酷的現實擺在眼前，她不能留，只能選擇離開。

「他們既然不珍惜你，你又何用傷心呢？」年輕的她呷了口啤酒，坦率地追問。

「問題是，我沒想過大老闆會這樣『變臉』？」接著，她哭哭啼啼地道來這十年間，她怎樣被大老闆賞識引薦，怎樣備受重用，到近日發覺老闆態度大變，對她不止冷淡，更是不聞不問。

「我真的以為一世都在這兒打工，一直跟著他的⋯⋯嗚嗚嗚！」

唉！這不正正是我們女人的死穴，叫做「死心塌地」。當我們認定這是一個值得愛的人，就死心塌地去愛。當我們覺得這份工作值得交付，就死心塌地去做，甚至可以不理旁人規勸，也不管自己的身體是否撐得住。

「十年，就這樣白費了！」講到痛處，她竟激動到捶胸頓足。

「不，起碼學到一個功課，就是不要再隨便讓一些人或事上心。」顯然，喪父的她，對老闆早有一種依附的情結。所以錯把公司當作另一個「家」，老闆對她的指責，她都視為叮嚀，有甚麼氣都憋在肚子裡，寧願自己默默承受。我們這些旁人看來，老闆可是「看準」她的弱點。但如今可能覺得她年事已長，是位高薪的老員工，站在公司的角度要長遠發展的話，她可是一塊不折不扣的「瘀血」。如今，來了「新血」，正正是時候除掉瘀血啦。

但我更盼望的，是她能明白為何自己會生這種「死心塌地」的情結。有人說，**女人心中都有一塊缺了一角的拼圖，有人窮一生去找回這失去的一角，有人卻樂意接納缺角的人生**，不會亟亟尋找失去的那塊，更不會找一塊來「代替」，因為明白人生有很多事物，失去就是失去，哪可以輕易補償！

只是這些話，暫時都不宜跟她提，也不是合適的時機。直到有一天，她找到了新工作，碰到一位像前上司那樣的老闆，她可以從容地說：「要記住，他只是老闆，下班後就與我無關！」也許是時候，跟她好好談談我的觀感分析吧。

也許，有人會覺得我是「袖手旁觀」，非也！

我是讓她學習「痛定思痛」，懂得怎樣制止自己不再泥足深陷。有一類人是「不到黃河心不死」的固執，她就正正是這類人，就由她吧！現在，她不正正是有點回頭是岸的醒悟嗎？

看著她一邊喝著啤酒，一口吃著炸雞腿，大聲宣告：「我醒了，我醒了！」但願，她真的醒過來。

非專家的小建議

死心塌地的人很難醒覺，倒是旁邊的好友為她空焦急。但勸也勸不來，替她著急也沒有用。不如……送她一本有關痛癢的書，如《為甚麼你替別人著想，自己反而受傷？》（李東龜，木馬文化），也是一個不錯的選擇。

5

可否試試，走一條新路，看看新的風景，遇見新的人。

如果今天上班不是挑一條新的路來走，也絕不會碰到你。

奇妙嗎？

我把你拉到附近的咖啡店，很想聽聽那傳聞的近況，是否屬實？

傳聞是，你在工作上碰到很多難題。那位忽冷忽熱、朝令夕改的老闆，讓你感覺無所適從。最要命的，是出了岔子，他就會把問題歸咎到下屬身上。這些年間，你為他不知背了多少黑鍋。

「這些傳聞，都是真的嗎？」

你看著我，點點頭。那憂鬱的眼神，蘊藏著幾許無奈。

「有想過轉工嗎？」你一聽，就在搖頭。

「不知道，讓我想想吧！」你會想多久？兩個月？半年，還是一年？

我不忍心再追問下去，也明知道再追問也不會有答案。其實，這跟你一向處事的風格相符。

自從少年時期，雙親去世之後，你就過著寄人籬下的生活，寄居在舅父舅母家。他們待你不薄，但那種依附他人的滋味，殊不好受。為了生活，也可能為了生存，你總是逆來順受，不敢多一點的要求。從少年的唸書選校，到長大的職業抉擇，都是舅母替你作主。甚至現在這份助理的工作，也是她拜託朋友得來的。而你，從來都沒試過，也不敢逆她的意，是嗎？

「是啊！舅母知道我想辭工的話，一定會說成是我的問題，是我不夠用心，不夠努力……」說著，你又開始自責起來。

「但你還年輕，才三十出頭，還有大好前途！為甚麼不出去闖闖！」對愛冒險的我來說，「一早」就豁出去了，何必在此蹉跎歲月？

「我真的可以在外面找到工作嗎？有老闆會請我嗎？」你是個很上進努力的人，這是我打從認識你那天就知道的。更何況，你辦事負責用心，公餘更努力進修，這樣勤奮好學的職員，是老闆夢寐以求的。

「但，我已在這個地方呆了五年，跟同事建立深厚的感情，雖然老闆難伺候，但我就是捨不得那些同事……」說到底，原來是一個「情」字。

「到別的地方，憑你的個性，一定可以交到另外一批新朋友的！」

「真的嗎？」你還是這樣不相信自己的能力，還是託辭不想冒任何的險？

好姊妹，多少次了，我花盡唇舌跟你說，現在沒有人「打死」一份工的。要趁著年輕，多出去走走，嘗試不同類型的工作，別把自己困在「死局」，或常常瞻前顧後，裹足不前。

「你有否想過自己的夢想是甚麼？最想過的是怎樣一個人生？」臨別，我刻意把這些問題拋給你。

「好，我試試去想想吧！」聽著，我的心中燃起絲絲盼望。也許，你真的會考慮吧！

怎曉得，見面後的第三天，就收到你的訊息：考慮過了，我還是想留在原本的工作，謝謝你的好意！

年輕人啊！為甚麼不趁著你還年輕貌美，去追逐你應有的愛情；趁著你活力充沛，去追逐潛藏內心的夢想；趁著你還有時間，去追逐你想過的人生……

我知道你不是不想，只是畏縮不前，因為缺乏了突破生活框框的勇氣。

看見你，我記得自己在三十一歲那年，剛生了孩子。孩子一歲多，我就被公司派到外地公幹三個星期。當時的掙扎是，孩子仍小，需要媽媽，但遠赴外地公幹的機遇難求，而且我是部門唯一被選上的。到底去，還是不去？

結果我選擇「去」了。還記得在機場揮別痛哭的孩子，帶著一些自責，也帶著一些期待，踏上那趟難忘的東歐之旅。在華沙、布拉格跟東柏林三個城市，做了幾十個訪問。每天馬不停蹄，遇見不少讓我至今難忘的人和事：如那些對未來充滿憧憬的中學生，那些創意洋溢的電影導演，還有天台劇場的一班年輕演員……那是一趟豐盛之旅，讓我大開眼界，心靈飽足。

這不正正是我苦口婆心鼓勵你離開舒適圈，試一下豁出去，好好經歷與體驗人生的原因。我不是「空口說白話」，而是真正經歷過，體驗過。

記得我說過，今天早上刻意換了另一條路上班，結果遇上了你。如果我仍走在舊路，我們就不會碰面。

可否試試，走一條新路，看看新的風景，遇見新的人，嘗試做做新鮮的事情。只要你對人生仍抱有激情和盼望，甚麼都有可能的啊！

非專家的小建議

拿一張白紙，在以下的範疇上，寫下自己的一個小目標，然後寫下怎樣達成這個目標的一些「微行動」：（以下只是一些建議參考例子）

1. 心靈健康：每個月閱讀一本書
2. 家庭關係：每個月跟家人吃飯兩次
3. 人際關係：一個星期找一位朋友午餐
4. 事業進修：一年報讀一個網上課程
5. 身體健康：一週三次半小時運動
6. 社區關懷：一年參與四次派飯送暖行動
7. 未來夢想：找一些夢想成真的好友談談

6

女人最難學懂的功課，就是放手，
因為我們太習慣安排打點……

「婆婆，你好嗎？」

還記得我們年輕的日子，對這個「稱呼」十分抗拒。我仍記得那些年，在辦公室接到一個邀約的電話，請我到某老人中心，跟長輩們分享「快樂之道」。我的回應是：「我還年輕，未夠年齡啊！」

相信你也跟我一樣，對「阿婆」這稱謂，一直都不受落，總覺得那是給上了年紀、行動不大方便，甚至聽覺也不靈敏的、開始退化的上一代。

只是，歲月不饒人。曾幾何時，我們的上一代都一一離開。過時過節始驀然醒覺，我們變成了「上一代」，開始接受晚輩的拜訪。照鏡子的時候，看見鬢上暴露了年齡的白髮，還有笑起來眼角那想盡辦法也不能撫平的魚尾紋，雖然耳朵愛聽那些甜蜜蜜的恭維話——「你看起來怎也不像一位婆婆」，但骨子裡你我都清楚明白，孩子生了孩子，我們都升級當婆婆了。**更難能可貴的是，在「婆婆號」這艘豪華郵輪上，我們成了不折不扣的「船友」，因為大家都同坐一條船上。**

開船的那天，就是我們孩子知道懷孕的那天。

「心情如何？」我們異口同聲都說：「超級興奮！」甚至比自己懷孕的那刻更有過之而無不及。

跟著，我們通電話見面的內容，都是圍繞著怎樣守護孩子。

「很想跟她說不可以吃這，可以吃那……但明白時代不同了，不能隨便建議！」對，她們的資訊或從朋友圈中得到的資料，分分鐘比我們多而且準確。

所以我們要「多一句不如少一句」，是嗎？

「對啊！等她們有天求問我們，才一一道來也不遲！」這倒是讓素來忍不住開口建議的我倆，學會怎樣好好勒住自己的舌頭。不要以為這是很容易的功課，其實是經一事長一智而來的。

還記得為給不給乖孫喝水的問題，跟女兒來了一場辯論。舊時照顧她的日子，過了四個月就可以讓幼兒喝水，身邊的媽媽都這樣做。怎曉得今時今日，孩子要喝水，只能喝母乳（或沖奶），「水」是萬萬不可的，就算給也只是「少量」。這些新知識是我們難以理解的，每次發覺跟孩子意見不同，我們都願意放下身段，順應她們就是。「她們說怎做就怎做！」是我們兩位開明婆婆的共同語言，是嗎？

正當我們都以為，她們都很保護孩子，讓他們得到最安全最好照顧的當下，卻發覺

「事實」並非如此。就像那天，你見到乖孫獨個兒在游泳，一個不小心喝了一口泳池的水，女兒竟然若無其事地說：「要學懂游泳嘛，當然要喝點池水！」

又有一天，我眼巴巴看著乖孫的爸帶他去上體操班。天啊！他才六個月，怎樣可以上體操班？但眼前看到的卻是，爸爸扶著他翻跟斗，對，你沒聽錯，真的是在翻跟斗！

「媽，別擔心！四個月已經可以上體操班了！」我的好船友，那天見到乖孫在那個所謂「兒童健身房」玩了一個小時，我整整擔心了一個小時，往後也不敢再看。

那天，當我倆在電話中分享這些小片段時，大家都不約而同吐出這六個字：「隻眼開隻眼閉！」不要過度專注執著，才是婆婆應有之道。

不過，我一直感恩的是，有你在我身邊與我同行。讓我在迷茫、不知所措的日子裡；

不知道該說還是不該說、該建議還是「收口」的尷尬處境中，你永遠是那麼篤定體諒，在最重要的關頭，更展現了一位婆婆該有的堅持。

就如最近，我們都覺得乖孫應該是要打防疫針，卻怯於開口。你比我更決絕，大膽幫乖孫訂了打針的時間，我則是不住把要打防疫針的資訊傳給女兒，我們倆各師各法，最終能達成心願。

說真心話，我們能夠相識相遇，已經是一種緣分。這三年，因著大家都成了婆婆，心靈的聯繫更緊密了，甚至有種相知相惜的親暱。很多話不用說到嘴邊，你已經說：「明白的！」因為我們都曾這樣擔憂過，勸說過，但最終不得要領，有時甚至要識趣地離開「現場」，是嗎，船友？

做女人最難學懂的功課，就是放手。我們太習慣要安排打點一切，當了婆婆後，發覺主控權不在我手，要尊重孩子的看法做法，學習隔岸觀「景」，懂得「勸」可而止，切勿過度介入干預。這些重點，都是我們在交談中屢屢彼此提醒的，不是嗎？

我們的友情開始深化，始於大家知道要當婆婆的那刻。讓我常常感動的是，我們不常見面，也不常通電話，但一想到要找你，一個短訊傳去，你總是比我想像中更快半拍回應。

更深深記得那次，我談到過去那難過受辱的遭遇，你竟不期然流淚。那無言的同理與認同，一直銘感於心。

往後的日子，看著乖孫一個一個地長大，我們分享的範疇一定更多。有空的話，我們就相約出來喝杯茶，好好犒賞一下自己當婆婆的辛勞吧！

非專家的小建議

好喜歡「隻眼開隻眼閉」這六個字。對人對事，很多時候就要學習這種特別的「眼光」。

怎學？對著鏡子試試，「隻眼開隻眼閉」看到的景物有何不同？左眼看到甚麼？右眼看到甚麼？是否比睜開雙眼看模糊，還是清楚？

Part 2

告誡自己，
別坐說翻就翻的友誼小船，
因為會遍體鱗傷

7

讓大家歇歇，重新審視這段關係，
該是繼續，還是告一段落。

這天，我在臉書讀到這樣一段文字：「有時候看錯人，不是因為你瞎，而是因為你善良。有時候相信人，不是因為你蠢，而是因為你把感情看得太重。」這是經歷多次人際創傷後，覺得最能描述心底感受的一段話。

甚麼是看錯人？就是錯把陌生人當知心友來推心置腹，又或者誤信花言巧語，被人無止境地剝削情感。本來，人際世界的悲歡離合乃尋常事，但當一方猝然變臉，漸行漸遠：發一個訊息，對方已讀不回；勉強約出來見面，也是話不投機，匆匆了事。這種被拋棄的感覺，殊不好受。

更糟糕的是那雙蒙蔽了的眼睛不單看錯，還要全心全意地信任、交付給對方，把自己赤露敞開，那才是讓心靈重創的致命傷。可惜，這也是重感情的人的一道死穴。

但我更沒想到的是，在這些日子以來，已形同陌路、很少在我臉書回應的你，竟在這段文字下面按了Like，還說「很有同感」。這是甚麼意思呢？是你明白我的心意，還是在宣洩感受？為甚麼兩個重感情的人，會在關係中彼此傷害至難以收拾的地步呢？

還記得初相識的日子，我羨慕你的美術天分，你欣賞我的才情，大家無所不談。雖然我倆的背景是如此懸殊，卻從沒阻隔彼此的相交。

那些年，我們一有空就相約午餐。每一次都是無所不談，每每看著你那張晶瑩剔透、輪廓分明的臉，配上一身高貴優雅的打扮，我會傻傻地幻想著自己正跟一位「公主」午膳。更萬沒想到的是，當我動完大手術後，你竟在百忙中抽空到醫院陪我。見到我的腳抽筋了，你竟不顧穿高跟鞋站著的不適，二話不說彎下身來，幫我揉搓小腿。還記得感動流涕的我，含淚看著低頭專注按摩的你，心中暗說：有你這個像妹妹的朋友，是極大的福氣！

你曾告訴我，自己的脾氣不好，生起氣來，說話可以很尖酸刻薄，讓聽的人無地自容。那時，我總不相信。那些涼薄的話，怎麼可能從你那張漂亮的嘴巴說出來？我就是不信！

只是，當我們交往久了，發現彼此之間原來有一道無法踰越的橋樑，也開始從你的嘴巴中，聽到那些尖酸的話。也許是身世背景，也許是聽到的流言蜚語，又或者是彼此的底牌愈揭愈多，看到了彼此的瘡疤軟弱。滿以為善感的你，會體諒我的傷痕累累，理智的你，會幫我排難解紛……沒想到，換來的竟然是窮追猛打、落井下石、揶揄嘲諷……更從沒想過，在我墮入人生谷底的當下，你說了那句「沒想到你是那樣不堪一擊」，那刻，我感覺自己的心像被一把尖刀凌遲著。

我一直在問：**是甚麼讓彼此的關係變色？環境、際遇，又或者是一些未經思考、衝口而出的話，還是沒察覺的誤會……**

你不會知道，在某個聽到你受盡折磨的晚上，傻傻的我竟擔心至血壓飆升，徹夜未眠。最怕的是早上起來接到電話，說你做了甚麼傻事！直到翌日收到你報平安的電話，我才放下心頭大石。

不過，這些都已成往事。今日的情誼早已淡化，今非昔比。

像那天，我問了一個「無意」的問題，你卻覺得是「冒犯」，氣得怒目圓睜。你在整頓午餐都別過臉去，跟別人聊天。那頓飯，我們幾乎沒眼神接觸，你也忙著到處跟朋友打招呼。而我，就是獨個兒怔怔地看著你，像穿花蝴蝶似的於新舊相識之間穿梭。

那刻我問自己：「還要苦苦約你吃飯嗎？還是讓大家歇歇，重新審視這段關係，該是繼續，還是告一段落？」我更明白，即使「繼續」也難回歸原點，當甚麼事情都沒發生過！看來，大家都有心理準備，要把彼此踢出深交圈以外吧，對嗎？

所以今天你的 Like，可能就是一種回應。表達全心全意去信任一個人的時候，卻被冷待了，心有多痛。是嗎？如果你還在乎這段情誼，可以再約一次坦誠見面嗎？讓我們可以忘記過去，重新開始？

但無論如何，最想說的是：經過多番反思，我不覺得自己看錯人，我深信當初的你對我都是真心誠意。今天，大家的情境身份都變了，熱情冷卻了，友情的保存期限到了，僅此而已。

雖然內心仍千般不捨，萬般不解，但也要讓這段情誼告一段落。否則發展下去，過了那個期限，很怕關係會腐爛發霉的啊！

非專家的小建議

那個晚上，我決定到眼鏡店，配了一副新眼鏡，告誡自己，以後要「帶眼識人」。哈哈！

8

不是說過要兩個月見一次面？
怎麼你好像忘得一乾二淨。

這天，在家中跟乖孫講故事，拿起買了好久的一本繪本《偷朋友的小偷》，不知怎的，就因為這樣一個書名，想起了你。

親愛的！

是，曾經我這樣喊你。在微信、WhatsApp的稱呼，也是這樣的。因為那些年日，你真的曾經進入我內心深處，讓我常常惦念記掛。有甚麼跟你攸關的種種資訊，都會第一時間通知你。你還記得嗎？

我還記得第一次見面，是你主動過來跟我打招呼的。爽朗的外貌，大方得體的談吐，還有在那個社交場合表現出來的領導能力，都讓我嘆為觀止。直到那天，接到你的電話，說想約我出來吃飯聊天。主動外向的我，當然欣然赴會。

那席飯，我仍清楚記得：你娓娓道來在國內工作的丈夫怎樣不顧家，生怕他有外遇；踏進青春期的十二歲兒子，怎樣跟你頂撞；及職場上你跟競爭對手在開會時的激烈交手。說著說著，你就哭了。

「你的壓力真的很大啊！」你聽到我這樣說，忙不迭地點頭。

那時心裡想，可以為你做些甚麼，替你減憂嗎？

「如果你願意當我的好友，就是幫了我一個大忙！」

沒問題啊！素來我都覺得，自己是一個不折不扣的「樹洞」，讓身邊的人對著這個洞，盡訴心中情。

「那就好了！往後的日子，我不客氣了！我們兩個月見一次，好嗎？」就是這樣，我們開始了第一次的約會。

在那所充滿歐陸情調的餐廳裡，你點了最昂貴的午餐，說是第一次會面，堅持要埋單。看到你堅決的眼神，我不敢跟你「爭」了，那下次一定要讓我埋單啊！你點頭稱「一定會」。

那次午餐，聽你說工作上的瓶頸，人事上的鬥爭。你講得繪聲繪形，歷歷在目似的。這些職場的爾虞我詐，讓你心力交瘁。但憑著一股衝勁，卻不能事事亨通，這是你最感煩惱的。

「我覺得你需要的是人脈，身邊有多幾張人情牌，需要幫忙時就知道該找誰了！」

「這是我最弱的一環，我不愛交際應酬的！」還記得你聽到我的建議後，一臉無奈。

「不怕，這些小事情，包在我身上！」說著，我立刻打開手機上的通訊錄，一個一個的名字，浮現在我腦海裡。

「吃過飯，就把聯絡名單都給你。你要找他們的話，先通報我一聲，讓我可以跟他們打個招呼！」

「感謝你啊！感謝你啊！」看見你滿足的笑容，我的心是暖和的。畢竟，在人生的路上，也曾遇上「貴人」。在我最徬徨的日子，他們拔刀相助將最寶貴的人脈網絡，毫無保留地給了我。

午餐過後，不到一個小時，我就把名單傳了給你。你在短訊傳來了兩個「合十」的答謝 emoji。

「別客氣，不用謝啊！」這是我的回話，也是跟你吃飯最久的一次。

自此，你消失得無影無蹤。不是說過要兩個月見一次面的？怎麼你好像忘得一乾二淨。

曾經打電話問你，留言了好幾次，終於找著。你的回應是：「大家都忙，有空一定找你！」後來約了出來，也是匆匆見面，匆匆離開。每次你都說公司很忙，不能談太久。

最後那次通電，你還冷冷跟我說：「這陣子實在很忙，遲些再約吧！」

坦白說，那刻的我，感覺不爽。起初也以為你真的忙，但在約了幾次你都是臨時公司有事而爽約，我就明白，「遲些」其實是「永不」的託辭。也許，我們的緣分就是如此淺薄吧！

但萬萬沒想到，在那個下午，見到你跟我的摯友在喝下午茶。我特意跑過去打招呼，你們卻是一臉尷尬。

「你們怎麼認識的？」

「你忘了，是你把她的手提給我的啊！很快就跟她聯絡上，我們可說是一見如故，已經喝過好幾次下午茶呢！」你還摟著她的肩膀，娓娓向我道來。

「原來如此！那不打擾你們倆了！」見到此情此景，只有識趣地告退。

回程的路上，一直憶起那一年跟你的「快閃」交往。也想起給過你的一列好友的電話表，你真的一個一個靜悄悄地打電話（完全把我蒙在鼓裡），跟他們聯繫上了嗎？

這個晚上，跟知心好友分享與你這段「霧水」情誼，她氣憤地說：**「你碰上了一個『友情騙子』，看來你根本不是她的對手！」**

對，因為我從沒把你看成「對手」，而是一位值得深交的好友。也是因為這個緣故，我才毫無機心，也不會衡量友情的深淺，把那些好友名單交付給你。

如今只能說，一次被騙已經足夠！我一定學會深切反省，牢記這個教訓，不讓自己再墮進友情騙局啊！

非專家的小建議

該是時候，把身邊的友人列一張表，分成四級：一級是泛泛之交，碰到只點頭打招呼，很少吃飯見面的，頂多新年聖誕發一個祝賀短訊。二級是頭腦之交，交流資訊想法，可能一年見一兩次。三級是交心的朋友，一兩個月總會見面，閒時也會發問候短訊，有事發生的時候，就會想到找他的那個人。不過也要想想，對方是否以同樣態度相待，還是「有事鍾無艷，無事夏迎春」那種。如果是，就要小心，跟對方保持距離了。第四級是「推心置腹」的諫友，能指出我們的盲點缺點，我們又樂意聽的，人生能得此知交，有幸矣！

9

如果人際是一項投資，認識你是我最大的虧損。

記得那年，雷曼事件爆發，我人在溫哥華。

那個早上，我正呷著咖啡，聽身邊的朋友談論著雷曼危機。

「我投資了好多，以為穩賺，怎曉得現在輸得一敗塗地。那是我的血汗錢呢！」友人捶胸頓足，悲嘆不已。

「你有買雷曼嗎？」

「沒有！當然沒有！」這是我的「以為」，實情是「有」。回到香港，收到銀行寄來的信，說我的雷曼出事了。那刻才想起，某天如常去銀行聽經理談談銀行的戶口狀況，他拼命游說我買「雷曼」，當年無知的我，還天真地問：「這雷曼兄弟大概就跟『邵氏』兄弟一樣，是信得過的吧！」就是這樣，我買了雷曼，也成為雷曼的受害者。

但更沒想到的是，在人際的關係上，我也投資了「人際雷曼」，同樣虧蝕得一敗塗地。因為我把感情心思時間都放在你身上。

還記得當初相識，彼此志趣相投。你喜歡的人，我也喜歡。你討厭的人，哈哈，我也討厭。本來以為這樣的默契，可以造就一生的情誼。也因為這種篤信，我跟你一次又一次地合作，是旁人眼中令人艷羡的夥伴。

奇怪的是，當初跟你拍檔的日子，不相熟的他竟約我吃飯。飯吃到一半，他就一臉嚴肅地跟我說：「聽說你跟她很要好，坦白告訴你，她不是你想像中那樣美善，小心中計。」

他口中的她，就是你。

記得多少次，在辦公室外出吃飯，眾人都離我們而去，就只剩下我們兩個。那些日子，我以為整個世界就像你所說的，都是在針對你，我就偏要陪在你身邊，不讓你再受委屈。

也許，就是這種傻傻的女俠情意結作祟，以為可以維護你。後來才知道，身邊的人因為不喜歡你，所以「厭」屋及烏，跟我疏遠。

「小心她，因為她很愛挑撥離間。」另一位不相熟的她，有天走到我跟前，說了這樣一句話。我聽到後第一個反應是：「別污衊她，她從來不是這種人。」

結果發現，我錯了，而且一錯再錯地信任你。

記得剛合作時，彼此有些意見不同，但你一直堅持己見，絲毫不退讓。為了避免更多的爭執，唯有順你意行。

沒想到，你更是得寸進尺，毫不領情。要一想二，要二又想三，把一二三都給了你，還嫌不夠。在許多的合作上，我愈來愈覺得不對勁。追問之下，你總是推搪過去，問不出任何結果，甚至刻意隱瞞。

跟身邊的好友談過何謂「損友」（冤家），當中的特徵組合起來，得出以下的觀察：

言而無信：說好的「無所謂」，其實骨子裡是「有所謂」。

遮掩隱瞞：問三句才答一句，從不將實情相告。

窮追猛問：對朋友的私事約會好奇查探，甚至欲介紹相識，但對自己的私隱甚至私人約會，卻是守口如瓶。

熟生「不敬」：以為相熟，所以不會以禮相待，甚至將你的變成他的，認為拿朋友的東西是理所當然。

虛情假意：人前對你親切，人後卻說盡你的壞話，總之是言行不一，難以捉摸。

用後即棄：將朋友「物化」，覺得有利用價值便熱情似火，失去價值頓時變得冷若冰霜。

讀到這些特點，我難免會「對號入座」，想起你！不過，搞到最後感覺「人際雷曼」虧損得一敗塗地，最終要怪的，還是自己。

記得一位諫友曾對我說：「**如果跟一個人交往，內心不時會出現疑惑的話，就要好好面對，甚至當機立斷作一個灑脫的斷捨離**。否則，夜長夢多，而且是惡夢！」

朋友的諍言，句句到肉。只是我當時將之當作耳邊風，然後告訴自己：「你不是這樣的！」

最後，事實擺在我眼前。看到你的嘴臉，開始想起過往聽聞的「傳言」，原來都是「可靠的」消息來源。

「那就不要拖，趕快一刀兩斷吧！」身邊的人這樣建議，我也手起刀落。也許，你會覺得我好狠好決絕，但對我來說，只是想好好善用餘生，把所剩無幾的時間，留給珍惜我的、疼愛我的、與我並肩同行的人。

請原諒我的不辭而別！但我敢肯定說，即使我們分開之後，也一定有人願意接受你的邀請，一頭栽進你的世界。只不過我倆的情誼，會暫時告一段落。

過往，我曾想像沒有誰誰誰在身邊的日子，是多麼難熬與孤寂，現在體驗多了，明白沒有了誰跟誰，依然可以快樂過活，仍然可以結識新的朋友。最重要的，是讓自己成為一個真誠坦白，信守承諾的人，就會吸引到一批欣賞自己的同道好友。

至於你，有人會問：告別之後，是否還是朋友？我真的不知道。因為自從那次揮手說再見，茫茫人海沒再遇上，那就順其自然吧，不用勉強。如果日後在街上見到，還是會打個招呼，問一句「你好嗎？」。

無論過去發生過甚麼誤會都好，時至今日都不用再多費唇舌解釋澄清，讓過去成為過去。因著過往的情誼，心底還是祝福你：安好！健康！生活愉快！

致　我的前度好友

非專家的小建議

這類「人際雷曼」的人，人生中出現一兩個就夠。其實我們的直覺和內心，甚至身邊好友不是沒有發出警告，只是無心裝載或掩耳不聽，最終讓自己的心靈遍體鱗傷。所以，當內心一而再再而三提出「疑問」和「質詢」，請對她投信任票，說到底，我們的心（該說是直覺）是好的，是善良的，是愛惜我們的啊！

10

見識過「過橋抽板」的人辦，
以後可要小心搭橋。

我是一個好客也愛好結交新朋友的人，所以聽到S說你想認識我，心想，多交一個朋友，沒壞啊！

J，起初，我真的以為交上了一個志同道合的好朋友。

我喜歡閱讀，你說你也愛。

我愛看史提芬柯維，你說你把他的書早讀遍。

我說我愛蕭邦的音樂，你說你早就懂得彈奏他的名曲*Fantaisie-Impromptu*了，還在鋼琴上露了一手給我聽，出色的琴技，我甘拜下風。

你的記性也真好。說過一次我的生日日期，你就記住了。還記得那年，你說約我有事相談，怎知道原來是為我辦了一個「意外的生日派對」，逗得我跟外子心花怒放。

沒想到，你的親近，你的熱情，都是一種「部署」。部署進入我的人生，也部署進入我的人脈網絡。

好多次了，我都不以為意。跟你見面，你總愛問：「這陣子，你又認識了甚麼新朋友？」

我這個傻瓜，居然會如數家珍地把一個個名字，以及他們的背景，向你「從實招來」。完全沒想到，你只有一個目的：想我幫你搭橋。

直到那天，你坦率地說：「我想認識ＸＸＸ，可以幫忙搭路嗎？」

「你跟她風馬牛不相及，要認識她幹嘛？」我還天真地問。

「她既然是你的好友，也該介紹我認識一下吧？如果覺得不合適，不勉強啊！」你很聰明，對我這種傻楞楞的人，最好的方式就是「以退為進」。

「不麻煩，我趕緊幫你安排。」沒多久，就聽到你倆見面了。但過後，你一直沒再提跟對方的交往，我還以為見一次面就算了。怎曉得那天收到好友的電話，說你很積極進取，還問她拿另一個誰誰誰的聯繫方式。

J，真沒想到，你是一個「搭橋」專家。那時，已經有認識你的人勸我：「小心J，她這種人『埋』人身有特別目的，她可是『過橋抽板』的最佳人辦。」我仍是這樣信任你，以為你是那種會知恩圖報的大好人。

「不，J不是這種人。剛剛那個六月，她還幫我跟老公安排了慶祝結婚周年，請來幾位好友吃私房菜呢！」我還幫你辯護。

「哈哈，你等著瞧！沒多久她就會露出狐狸尾巴的。」

「怎麼會？J不是這種人，別抹黑她。」我就是不信！

那些年，我仍執迷不悟，以為我們的友誼永固。直到有天，接到朋友的電話，告訴我你搭上了另一個名聲地位都顯赫的她，因為對方的人脈網絡與名聲都響噹噹，說你將會「棄我不顧」。

不可能吧！多年的情誼怎可能說斷就斷？我仍死不相信。

「失去利用價值時，她就會離你而去。」友人斬釘截鐵地說。

聽罷，我是心寒的。人性怎會這樣醜惡難堪，不至於吧！還記得我陷入情緒低谷的那個晚上，你緊握我手，說：「縱使天下人離你遠去，放心，還有我在？」

但事情卻真的發生了。

如往常打電話找你，想約個時間見面。你總是說很忙，要過一陣子。怎知這一陣子一過就是半年。

半年不聯繫，期間看著你的臉書不斷更新——認識了誰一起吃過飯，跟誰去淺水灣喝下午茶，跟誰去吃私房菜。那些都是我跟你初相識時到過的地方，如今你是帶著「新相識」舊地重遊，我看在眼裡有種「不是味兒」的酸溜溜。

但我仍死不甘心，將你的疏離解讀為「你一定有你的苦衷」。所以那天，我厚著臉皮致電找你，你不接。我留言：「J，好掛念你啊！有空，請回電，好嗎？」委婉客氣，但你仍是不理不睬。

更始料不及的是，那天在電子郵箱收到你的一封近似「絕交」的郵件。說甚麼跟我志不同道不合，大家再見也是浪費時間，不如來一個「情誼的大割捨」，不要再糾纏下去……

J，活到這般年紀，也算見識過很多人的嘴臉。有些人把奸詐寫在臉上，我一見就會遠離；有些人看上去就是老實樣，我便很容易與之交往。但對你這類「外表老實，內心奸詐」的人，卻是第一次見識。

現在回想起來，你的每一個部署，每一次約會，都是精心策劃的。誠如認識你的友人所言，你每一次的邀約見面，都有特別的目的，絕對不會白費金錢與光陰。

現在回想，也真是。還記得有好幾次，你跟我說從前與誰誰交往，最後認識了對方的廬山真面目而遠離。而那幾位前度好友，都曾是你口中的恩師或深交，不知怎的，你就突然對他們感到不屑不齒。那時我怎麼沒想到，有天你也會這樣對我呢！

J，其實該感謝你的。因為在我單純的世界裡，不曾出現過像你這類人。在我的字典裡，仍然相信「你怎樣待人，人也會怎樣待你」。雖然在心中有根刺，讓我一直耿耿於懷，自責為何這樣輕易相信你，或為你用情甚深，讓我感受到你的離去是一種傷害。直到我讀到這段說話：

「當我們把雙方關係變成『付出與回報』、『責任與義務』，甚至變成貿易和金錢的對價關係，如此一來，不僅是愛的感覺在消散，對彼此失望透頂與分道揚鑣的日子也近在咫尺了。」（摘自羅伯特貝茨（Robert Betz）的《謝謝生命中的討厭鬼》）

我豁然開朗，知道我們的關係已變質到一個地步：食之無味，棄之「為快」了。更感謝你的，是碰上你這位「過橋抽板」的出色人辦，我告誡自己，以後不要過度熱心，隨隨便便幫人搭橋了。

好吧！就讓我揮揮手，跟你說不再相見，從此各走各路，也願你安好。

非專家的小建議

有時在人生路上，都會碰上一些壞心腸、有機心的人「埋身」，有人稱他們為「生命中的討厭鬼」。自問才疏學淺，碰上人生難以明白的事情、無以名狀的感覺，或那些難以看透的「人種」，就會找本書來讀讀。也就是這樣，我邂逅了著名德國心理治療師羅伯特貝茨的《謝謝生命中的討厭鬼：學會心靈轉化法，讓笨蛋天使幫你重拾平靜與快樂》，書中不少章節都幫我解惑，貝茨說自己是「笨蛋天使」，其實他一點都不笨，而且分析細膩，對人性觀察入微，這本書很值得細味，也助我擺脫被人「過橋抽板」之痛呢！

11

你的戲碼已經演完，該是落幕的時候。

一直以為你是真誠，原來只是一種賣弄。

還記得那天，在一個午餐認識了你。那張甜言蜜語的巧嘴，逗得整桌子的人都笑逐顏開。在女性圈子中，你是極罕有的富幽默感的人。能言善辯，長袖善舞，你想認識的人，很快幾個約會就能把對方拉攏成囊中物。

我大概也是其中一位吧！

記得認識沒多久，你就說有事請教，主動打電話邀約。素來愛認識新朋友的我，當然不會拒絕。

你原來還是一位不折不扣的食家，對生蠔、紅酒、各國美食更可以如數家珍娓娓道來。那頓飯，是開懷暢飲的，更難能可貴的是，你說自己是晚輩，要向長輩請教。當時的我就已頻頻說「不敢當」，像你這樣優秀的人才，誰都會爭著當你的前輩，我真的是「不敢當」。不過，見你盛意拳拳，也就卻之不恭。

沒想到，往後的日子，你真的做足一個晚輩的戲碼，記住我跟外子的生日、結婚記念，還特意安排特色餐廳的大房，送上美酒鮮花巧克力，把我逗得暈頭轉向，跟外子說：「能成為你口中的前輩，真是榮幸！」

但更沒想到的是，這些「榮幸」只是剎那般的短暫，當發現一個更出色的師傅可以高攀，冷淡就寫在你的臉上，離棄就成了你的行動。

好幾次打電話找你出來吃飯，都推說很忙，沒時間。再約見面那回，只見你頻頻接電話，忙得不可開交似的。心想，沒關係，待你沒那麼忙再約吧！

哪知道，等呀等的，就是沒有回音。

接著，看到你跟新寵（該說是新拜的師傅）頻頻在媒體現身，你摟著她的身影，是多麼熟悉，又多麼陌生。有一次，友人傳來你的一段演講，談到生命中碰到的「貴人」，聽到的是幾個城中名人，我還天真的以為你會提到剛出道時跟我的遇上。哈哈，我想多了！

我也明白師徒緣分不能勉強，終有落幕的一天。但我不明白的是，為何當有人向你提及我跟你的交往，你居然可以說出這樣一句話：「我跟她不熟！」還數落我的不是。

友人那天無意中把你倆的 WhatsApp 對話給我看（別猜想誰會把你們的對話給我了），我才醒覺。我本不相信你會說這樣的話，但看到那條訊息，我沉默，也認命了。

有時候會回想，難道那些晚餐慶祝，都只是一場「龍門戲碼」（就是助你一躍龍門的戲碼）？那些真心，原來都是虛情假意？那些欣賞讚美，只是預先擬好的台詞？

還記得在落寞時，你抓緊我的雙手，很著緊地跟我說：「如果有誰傷害前輩，我一定不放過他！」怎知道，現在拿刀刺進我心靈的，正是你！而那把刀，就是「冷對待」——不通電，不往來，甚至那天在一個婚禮見到面，連招呼都懶得打一個。

過往，我不大相信在人世間有「過橋抽板」這回事，更不相信有專門利用人的朋友。但見識過你怎樣對人，我不得不信。

坦白說，我也不是那種糾纏不休的人，既然你不珍惜彼此的關係，也就不用多談，更不要勉強。

只是最近，從朋友口中聽到你對待另一位前輩的事，讓我憤憤不平。聞說是跟一個甚麼委員會主席有關，你明明知道那位前輩（聞說也曾被你稱為「恩師」）會參選，怎知你卻毛遂自薦提名要跟對方競逐。當然，按牌面來說，年輕的你佔盡優勢，最後那位長輩也只好知情識趣，黯然引退。

看著你的野心愈來愈大，要攀的階梯也愈攀愈高，人的氣焰也愈來愈盛，聽不進身邊人的「評言」。現在的你，已經是不少人眼中艷羨的大師，前來討教的人更是絡繹不絕。

無可否認，你的口才真是一流。聽過你演講的，沒有人不豎起大拇指稱好。但你的為人，我實在不敢恭維。忘恩負義，一點不念舊情。從沒想過沒有他人的提攜，你哪有今日？也沒答謝過那些幫你鋪路搭橋的前輩？好像過去的事情，都是恩斷情絕，不堪回首了。

走筆至此，心中仍隱隱作痛。你真是個絕佳的戲子（還該稱你為「騙子」），演活了偽善與虛假，但卻傷害了那些對你真誠的人，如我。

上個星期，接到你的電話，說久久不見，不如出來喝杯咖啡。我還天真地以為，你終於痛改前非，願意重新連結。但身邊熟悉你為人的好友卻說：「她請你喝咖啡，不會白喝，一定有她的目的！」怎麼曉得，你只是在跟我述說你的豐功偉績，告訴我你將要競選甚麼委員會的主席，要我簽名支持。最後我也只能虛假地回應：「祝福你啊！」而沒有在提名表上簽名。

回到家中，家人問我為何這樣傻，還應約去見你。我笑說，因為我對你仍有一絲希望。

但這夜，撫心自問，對你這個人，真的不敢再抱任何期望。請你遠去吧！**這段關係早已讓我心力交瘁，更沒精神來看你一幕接一幕的成功戲碼**，還是留給那些膜拜你的人看吧。

不過，有否想過這樣爬著別人的頭攀上去，會不會有一天也被人翻臉不認？又或者，有否想過該攀到哪一座高峰便該停下，戲演膩了也該謝幕，給後來者一個機會……這是一封不會寄出的信，因為就算寄到你手，你也未必會看。不如留在書中，說不定有一天，你會無意中翻閱到啊！哈哈哈哈！

非專家的小建議

在我們生命中，總會出現這類的過客。如果不幸碰上，就要問自己可以付上多少代價，可以挨過多少心靈的刀傷，若對關係能保持理性，保持距離，交個朋友就是。若是感性脆弱的，還是速速離開為上策。

12

看到你這樣頹唐，還踩你一腳的，
絕對不是真朋友。

聽說你病倒了，身體無恙吧！

這些年來，一直聽到你跟她沒完沒了地糾纏，聽了不知多少遍。

你明明知道她的無情，卻偏偏覺得自己憑著真誠可以打動她的心；你明明被她欺騙了多少次，卻總是覺得她不是存心的，而是無心之失。

你總是說：「我們相識幾十年了，難道還看不出她的底蘊嗎？」

還記得在你風光得意的日子，她頻頻找你。不是託你做這件事，就是求你幫她一個小忙。怎知道幫完一個小忙，又來一個「中」忙，最後就是「大」忙，心軟的你，通通中了她的圈套。

忙，幫過了！人，也隨著消失了。你曾跟我說過這些事，我早已勸你此等朋友宜疏不宜近，怎知道你還跟她合夥做生意，成了日見夜見的拍檔。

聽到這個消息，我已深知不妙。

「老實說，你們的股分怎樣分配？」

「很公平！大家五十五十！哈哈！」你還笑得那樣豪爽。

「如果雙方有紛爭，那五十五十很難搞啊！」

「不會的！別亂講！」你深深相信，幾十年的交情，可以抵過任何風風雨雨。

但現實告訴你，非也。

你發覺她開始隱瞞很多事情，更讓你困惑的是，她對公司的拓展，你所知不多。直到那天，你身體抱恙，要住院動大手術，怎知她卻淡然跟你交代工作的安排。

還記得那個晚上，你搖了一通電話給我訴苦：「我快要進醫院了，還不知道手術後的切片結果如何，如果真的是重病，那怎麼辦？但難過的是，她連一句問候都沒有！」

我還記得到醫院探望大病初癒的你，連說一句話都沒有力氣。下床只能走一個圈，然後說累要上床歇歇了。跟往日健步如飛、聲如洪鐘的你，簡直判若兩人。

正因為如此，你決定要結束生意。是嗎？我也舉腳贊成，一定要養好身子，日後便是留得青山在，哪怕不可以捲土重來！

萬萬沒想到的是，你跟她交代的時候，她整個嘴臉變了。

「她覺得我沒有承擔，推卸責任。」話不該這樣說，你一直對公司的付出，身邊的明眼人都一清二楚。只是現在身子虛弱，不能再扛繁重的經濟擔子，難道她一點都不肯體諒嗎？

親愛的，以前我跟你都是同一類人。人家有求於我，我會拼盡全力，用盡人脈幫忙，哪管對方領情還是忘情。直至好幾次，原來對方只當我是一塊浮板，快遇溺了，便拉著我求救，但過了一陣子，別說不見人影了，在街上碰面也不打招呼呢！

到頭來，我發覺自己有點耿耿於懷。心想：還要這樣被人家需索無度嗎？還是與他們保持距離吧，別再任人魚肉了。

親愛的，該是時候跟她劃清界線了，別再糾纏下去。特別是那天，你告訴我她回到辦公室唯一的「工作」：存心找碴，把你折騰至精疲力竭。

「是啊！見到她我的手就發抖得很厲害，因為不知道她今天又耍甚麼花樣，我又要怎樣應付。」

沒想到那天，她說了很多難聽的話，像一把利刀刺穿你的心房。

「那個下午，看見她銳利的眼神，我徹底崩潰了。沒想到她見到我這副頹唐的模樣，還繼續帶著挑釁的語氣要我回答問題……」

說著，你已開始飲泣了。

「是時候要跟她一刀兩斷，不要再拖了。」我跟她素不相識，只是在你的辦公室見過幾面，看到她躲在你後面，談起話來不苟言笑、陰陰沉沉的樣子，實在可怕！

那時已覺得你跟她合作會出事的。但只是臆測，哪敢跟你直言。沒想到，事情真如所料，也深深知道這一次的傷害不淺，讓你對人從此失去信任。

「我是個念舊的人，把朋友家人的書信都留著，總是認為只要對人好，人家就會珍而重之。從沒想過有些人會掏空你的一切，然後默默地在你的生命中消失。」

一個念舊的人，就是一個重情的人啊！但親愛的，有時我們也要學學「棄舊」，才能「迎新」。棄掉那些不該留的，或留不住的關係，別讓之成為人生下半場的一個包袱。

我們都是這樣的人，碰到要割捨關係的時候，心底總是不忍，或者捨不得，覺得沒有理由讓過去多年栽種的情誼付諸流水。後來發現，你認識的她跟自己以為的她是那麼「差天共地」，又或者，一次又一次的背叛與疏離，讓我們看清楚她的真面目。但我們仍然告訴自己：「看錯了，不是真的！」是嗎？

親愛的，請記住，眼睛看見的只是片面，最能考驗情誼的時刻，是在人落難之時。所謂「落難」，就是沒有了人脈，沒有了工作，甚至感覺沒有了自己。那些日子，有些人會落井下石，有些人會跟你保持距離，最最可惡的，是有些人居然會踩你一腳，推你落深淵。這些人，絕對不是真朋友啊！

親愛的，實在不忍看見你日漸消瘦的模樣。這一封信可能語氣重了，是因為我太著緊你。希望你見諒！

有空，隨時找我喝茶！一定奉陪！

非專家的小建議

找個空間，好好整理一下身邊這些「似是而非」的朋友名單，不要再拖了，是時候做一個「速戰速斷」，不要再把時間和心力，糟蹋在那些不懂珍惜自己的人身上啊！

Part 3

提醒自己，
別吝嗇感恩那些與我們同行的人，
因為他們值得

13

正因為領教過忘恩負義，
才覺得你特別可貴。

T，那天接到你的電話，我很意外。因為好久沒有你的消息，身邊也沒有認識你的人，無從知曉你的近況。但手機的聯絡簿裡仍有你的名字，而當 WhatsApp 傳來你的問候，還有提出見面的邀請時，我起初是有點愕然。

難道，你家裡又出事了嗎？依稀記得你跟我談過家中的情況，跟家人過去的種種恩怨，又再浮現了嗎？偏偏你相約見面的那天，我的時間表排得密密麻麻，只能告訴你：「不如改天吧！實在很忙！」但你堅持要上來見我一面，就算多短暫也好。

盛情難卻，好吧！我在辦公室等你。

沒想到，你真的出現了，手上還捧著兩個親手做的、新鮮出爐的蛋糕。更懂得愛屋及烏，一個給我，一個給我的同工。

「怎樣？安好嗎？」

「我很想感謝你……」原來，你是一心一意來表達感謝的。就是多年前我對你說的一番話，伴你度過人生一段難熬的時刻。坦白說，我實在想不起當時的「對白」，丁點兒印象都沒有，但你卻牢刻心底。

「我改天就要移民，離開香港了，此行是向你道別的！」多年不見，如今再會竟是要說 goodbye，讓我有點措手不及。但排得密麻麻的工作，讓我沒有時間跟你好好詳談。目送你離開的背影，我的心，滿載感恩。

也許你覺得，說感謝的該是你，為何會是我？

但當明白一個人試過付出，試過把全部心思和關愛都投注在某個人身上，但換回來的卻是忘恩負義，甚至不屑一顧，你便能體會我內心對你的深深感謝。如今仍難忘那種被離棄的錐心痛楚，曾讓我對結交新朋友猶疑，對任何新開始的關係都有種「又要賭一鋪」的忐忑。因為，曾經歷過：

十多年的陪伴，一次失言，就可以轉身離去，從此不相往來。

二十多年的相交，隨著時移勢易，如海水化淡，從此不再問候。

最難忘的那一次，是對某段情誼念念不忘。日有所思，夜有所念之際，竟在夢中與她相遇。這還不止，翌日在街上，迎面而來竟是夢中遇見的她。

「安好嗎？」

「好，有甚麼不好的！」語氣冷淡，像對著一個「白撞」的陌生人。

「我……昨天夢到你啊！今天就碰見你，真巧！」本來以為這樣的一個開場白，會打破那久未聯繫的僵局。

「好邪門啊，怎會夢見我！」她不屑地說。

「不是邪門，是掛念呢！有空找我談談吧！」我仍鍥而不捨。

「有空再算吧。」說罷，一個轉身，絕塵而去。

怎麼可能？還記得當年一通電話，她說被拋棄，我就放下手邊工作飛奔到她身邊。多少個寒夜，工作完畢，特地開車送她回家，看著她緩緩走進家門，心中默默為她的未來祝禱。將她的孩子視如己出，買聖誕禮物給自己孩子時，也想到為他們買一份……還有在她遭遇人生風霜時，不求回報地雪中送炭。

哪料到，有這麼一天可以這樣絕情與反面無情？為甚麼付出的心血愈多，就愈會被背叛欺騙？

正因這些連串的經歷，讓我不得不對身邊的人說：「我是個不折不扣的人際關係大輸家！」他們的回應卻是：「那還敢不敢將心思投注在人際關係上？」

T，坦白說，這是我苦思良久的問題。試過「人際投資」的血本無歸，還要再投注嗎？還是該收手，讓自己的感情「止蝕」？

但諫友一句話點醒了我這個夢中人。**「樂於助人，對任何人都不設防，對人熱誠是你的本性！如果克制本性，你就不再是你啦！」**

對啊！很難想像一個冷冰冰、跟人保持距離、處處防人的「羅乃萱」，哈哈！那根本不是我來的。

所以，T，你的突然出現，對我來說實在是一根強心針。你讓我知道，在天涯海角有這樣一個念恩與念舊的人。一席話的陪伴，你竟然可以念記這樣久。

「此趟回鄉探老媽，很想跟她修補關係！」聽到你這樣說，心中更感到莫大的釋然。那時候跟你談到家庭復和，你很抗拒，覺得那是「不可能」的任務。但時間是最好的導師，引領你回想原生家庭的創傷，更明白那道傷口，不單是你媽媽，你也有份的。

是嗎？

當天從你堅定的眼神、一臉感激的神情，我看見的是：那份對家人的愛，早已掩埋過去的恩怨。你開始明白媽媽的情緒勒索，是因她不曾經歷被愛，便以為對著女兒「喊生喊死」得回來的是「愛」，怎知道就是這種強迫的愛，讓你們母女漸漸疏離，產生隔閡。

T，回鄉的選擇是對的，我全力支持。但願你在歸途上，也看到遠遠在那方守候你回歸的媽媽。記得保持聯絡，好想多知道你的行程啊！深深盼望，在未來的日子，會見到一個神采飛揚、脫胎換骨的你啊！

非專家的小建議

經歷過被「忘恩負義」的人遺棄的人，很容易會執著於過去的遺憾，讓自己陷於情誼的「收支平衡」計算中。

千萬不要！

這只會讓我們痛不欲生，倒不如拿出一個「行情表」，就是在表上的每一行，寫上一個意欲關心的名字，然後想想，可以對他說甚麼？為他做些甚麼？總相信，過去縱有遺憾，未來仍有新的可能。嘗試將友情「分散投資」，總會讓你我再遇上一個懂得感恩的T。

14

落魄時從沒離棄，我是常常心存感激的。

這天，接到你的電話，問我要不要跟多年的老朋友敘一敘。

「是哪一夥的老朋友？大概多少人？名單呢？」

也許，你會覺得我怎麼變得這樣囉唆，跟過往愛交際應酬與好客的那個我，判若兩人，是嗎？

聽到名單，我的回應是：「不必了！」因為活到這把年紀，我會懂得選擇怎樣花時間，以及和誰交往。最重要的是舒舒服服，大家不用猜疑，不用防備，如果要勉強自己去的，寧可拒絕。

你口中的老朋友聚會，對我來說就是這種了。尤其一些曾狠下心斷絕來往的，若是見面，打招呼還是不打？就算打了招呼，也只是敷衍交談幾句。何必浪費時間呢！

老友，你也許覺得我變了。坦白告訴你，我真的變了。知道人際關係要有「優先次序」才能拾回主導權，不再像年輕時那樣顧忌誰，害怕誰怎樣看，現在的心態是：管他的，不去就不去了！

老實說，那夥人當中，我常常心懷感激的，就只有你。倘若這聚會是慶祝你的生日，我二話不說就去的。知道嗎？

說來，我們倆個性一點都不相似。想當年，我們初見面，你總是護著L，有一次我們幾個姊妹說了L的閒話，傳到你耳中，出於愛友心切，即收到你氣沖沖的電話，把我們痛斥一番：「未經證實的事，不能亂說亂傳！」那時我是心甘情願受教訓的，也知道是多言的嘴巴闖了禍。不過，暗地裡卻覺得深深佩服你這位講義氣的奇女子，為了好友可以挺身而出，義不容辭。

是緣分吧！我們總在一些人生交叉路口上，明明揮手告別了，又再相逢。而且，我多次在人生低谷處徘徊，找不到一個可以傾訴的對象時，你就成了我的樹洞。對的，就是「可以毫無保留將心底所思所想告訴你，又不擔心洩露出去的」那個人。

還記得那天，我被人痛斥至無地自容，哭得地毯上留有一圈圈的淚水印。你擔心極了，想勸我，我不聽，甚至告訴你：「別理我，由得我哭吧！」但老友如你，怎會不理我的死活。後來才知道，你一直聯繫我身邊的人，叫他們逐一找我，給我支持與鼓勵。

很多時候，你是我身邊的守護天使。本來，我對旁人都不設防，本著「嚴以律己寬以待人」為宗旨，後來才發覺，這並非世界運作的原則和定律。有些人是無論對他怎樣好，從不銘感於心，還視你的好意為理所當然，於是不斷攫取索求。對這些人的作為，你早看在眼裡，對我提出勸諫。可惜當時愚昧的我，被蒙在鼓裡，聽不進耳，總是覺得你是多管閒事。

直到有天，那些背叛的證據就在眼前，我才恍然大悟。也因為這樣，你成了那夥人的「眼中釘」。好幾次聽到她們在旁人面前，數落你的不是，但你總是面不改容，輕鬆應對。

你的口頭禪是：「了解我的就會了解我，不會聽那些閒言閒語的。」最後，我也聽了各方規勸，遠離這些好事之徒，把寶貴的時間留給更值得珍惜的朋友。

老友，屈指一數，我們之間的友情，真的經歷了大大小小的中傷、詆毀。記得有一次，我誤信小道消息，說你背著我做了些別人口中「拿著數」的事。未經查證，我就信以為真，還把你狠狠罵了一頓。你當時沒作聲，大概也難過極了。感恩的是，最後查明真相，誠心誠意向你道歉之後，你不計前嫌，與我和好如初。往後，更令我感動的是，你一直守在我身旁，不離不棄。而我們也從昔日驕縱任性的小姐，變成今日成熟穩重的熟年女人。

如今人過中年，就更珍惜這些幾十年的老朋友了。因為很多故事，都是我們共同經歷；很多人名，我想不起來，問你，你一想便想起來，那就是一種微妙的記憶互補；很多悲歡離合的片段，都是與你共同跨過的。只是，在今時今日，這些相識相知數十載的知交，早已「買少見少」了。是嗎？

你還記得某年我生日，你送的生日禮物是一把漂亮的木梳子嗎？至今，它仍被完好地放在梳妝台上。每個晚上，我都會拿起它來梳頭，梳理回味著的，也是你那份厚厚的恩情。

老友，更沒想到的是，你對我的關愛，也延伸至再下一代。這天從你手中接到你們夫妻倆買給我乖孫最愛吃的葡萄，我能做的，只有連番感激。

老友：

感謝你，在我頹唐的時候，給予關心和問候，甚至伸手幫忙。

感謝你，在我被人瞧不起的當下，你仍對我投以信任。

感謝你，從不計較得失報酬，卻在我最需要時出現，成了最堅實的後援。

這天，看到健步如飛、依然身手矯捷的你的背影，我深深盼望，我們的友誼永固，直到地老天荒啊！

非專家的小建議

想想有哪些青梅竹馬，這些日子像斷了線似的，很少聯絡，但現在發現念念難忘的好友。拿出紙，拿起筆來，寫一張卡送上問候，慣於使用電話的你，也可以找到他/她的聯絡號碼，寫封短訊，問他/她是否安好，甚至多走一步，相約出來喝杯咖啡敘舊。

最近，我就是走了這幾步，跟好些失去聯絡的好友重聚，談談那些共同的經歷，竟有說不完的話題。

別相信心中那句負面的話：「沒有人關心我！」或者是：「誰能明白我？」試試打開電話通訊錄找找可聯繫的友人，打開心扉跟人交往，自會發現：我們絕不孤單。

15

你面對逆境的頑強，
是我望塵莫及的。

娟妹，我的好妹妹，你走了快十年，但跟你相處的情景仍歷歷在目，恍如昨日。

娟妹，你是我認識的藝人朋友中，最沒架子，也是跟我最談得來的一個。其中一個原因，可能是同姓（也是同性）三分親吧！

記得當年我去新加坡公幹，老公囑咐我要找當時潛水遇上意外的你，送上慰問。我聽到「羅慧娟」這名字就卻步了。心想：「人家是大明星，怎會理睬我？」雖然，你當時來我的教會聚會，外子則是教會的牧師，但我還是不敢多走一步，總是覺得這樣做十分唐突。

沒想到，後來卻在教會遇上。第一次見面，覺得你真人比上鏡更漂亮，那燦爛、天真的笑容，說話時傻頭傻腦的，給人和善可親的感覺，而且你對著我的那股熱情，讓我有點受寵若驚。

往後的歲月，我跟你經常約會談心，後來你的兒時友伴N也加入我們。**我們仨，正是「三人行，必有我師焉」的實踐**。曾聽過不少姊妹分享，跟摯友相處，最好三人一組，因為通常一個愛向左走，一個愛向右拐的話，總有一個站在中間，將各走一端的兩個人拉回來。我們仨正正是這樣的組合，你嘛，對人從不設防，N卻總是小心翼翼，我算是站在中間（但傾向不設防）的那個。

我們三個大概兩個月見一次面，我很明白你跟N是莫逆之交，你們有太多的默契與前緣，所以一開始我便告訴自己，你們兩個是較熟的，我是被你們接納的外來客。認清了自己的角色，跟你們相處起來，便自在多了。

後來有機會跟一大群姊妹談到女性友誼的緣起，不少都說是始自唸書時認識的好同學，因為那個時候最沒戒心。此外就是同病相憐，或同是天涯淪落人的連結，意思就是大家有共同經歷，如喪父喪母或父母離異，原生家庭的陰影創傷等等，都可以將兩個陌生的靈魂連結一起。不過，在職場共同「戰鬥」過而成為「盟友」，或因為某次邂逅而一見如故的也大有人在。

至於我們，總覺得是冥冥中早有安排似的，先是我在教會遇見你，然後在工作的場合遇見N，發覺跟你們都談得來，然後發現你跟她竟是早已相識的好友。

還記得你四十歲生日那天，搞了一個「不一樣的生日派對」。你要求每一位參加生日派對的人士，在入場前對著鏡頭，說「臨別叮嚀」（就是假想你過身對你說出心底話）。真虧你想得出這樣的鬼主意，我也以為只是「玩玩」，但素來認真的我與N，對著鏡頭邊說邊哭，飲泣了好久。

娟妹，雖然你比我年輕，但在人生的閱歷，面對逆境的頑強，卻是我望塵莫及的。耳朵聾了，你卻學懂了看「唇語」，更懂得比以前專心聆聽。憂鬱症病發，你依然笑臉迎人，還有心情帶我到蘭桂坊那家素食西餐廳吃新鮮的有機沙拉，喝純正的豆奶咖啡。最讓我畢生難忘的，是你知道我去新加坡主領一個「婦女退修會」，特意買了機票去參加，還留下來當導遊，帶我在獅城開懷暢玩了整整兩天。

那兩天，我們踏遍烏節路（Orchard Road）的商場，你帶我去那家店買手袋，說這家店的鞋子最便宜好穿，又帶我到路邊攤吃星洲有名的小吃，期間我們無所不談，從過去談到現在，甚麼愛恨情仇，你都和盤托出，讓我聽出耳油。還記得那個「無聊」的遊戲：二選一嗎？

「你喜歡硬還是軟的椰子糖？」

「塗麵包喜歡塗果醬還是牛油？」

「喜歡喝咖啡還是奶茶？」

「愛吃雞翅膀還是雞胸肉？」

「喜歡唱歌還是跳舞？」

總之亂問一通，但卻發覺彼此有很多「相同」的答案。如果可以，真的想再跟你去新加坡，讓美好的日子重來一遍啊！

此外，你更毫不吝嗇將身邊演藝界的朋友介紹給我，而他們每一位都對你如此疼愛尊重。我相信是你的生命散發著他們深深羨慕的吸引力，在你彌留之際，他們一個接一個來跟你道別，讓你知道這世界真的有很多愛你的、捨不得你離開的人。

還記得那天晚上，突然接到你的電話，說有壞消息要宣布。我跟老公帶著忐忑的心情驅車到你家，然後你語氣鎮定地說：「醫生說我患上胰臟癌！」那可是「最難醫」，也是「最沒徵兆」的癌症。更沒想到的是，第二天你約我到山頂上吃早餐，笑容燦爛，淡定地跟我分享你的三個心願：一是拍一段道別的影片，二是出一本禮讚生命的書，三是盼望你工作機構的國內同事能參加一次有關「人生與信仰」的分享特會。我當時一口答應，無論多困難，一定盡我所能辦妥。

結果，你的三個心願都成真了。在天家的你，一定心感安慰。是嗎？

二〇二二年六月三十日，該是你離開十周年的記念日。還記得你離開那天，我因有工作在身，不能留在新加坡送你最後一程。但依然記得那個黃昏，走在街上，抬頭看見雙彩虹，就有種預感：你離開了！結果真的收到你辭世的消息，我沒有大哭，但感覺心坎出現一個很大的洞。

我告訴自己，這位如親人的妹妹走了。我不能再接到她突如其來要陪她吃飯的電話，也不能看到她突擊到我辦公室跟同事聊起天來的笑語，還有少了一個去外地旅行的好玩伴……

娟妹，雖然我們沒有血緣關係。但在我心中，你比我的手足還親。走筆至此，內心仍有濃濃的不捨、懷念！

但深信你在天家安好！有時望著天際，看見天邊那顆閃亮的星星，我總覺得那是你向著我在微笑打招呼呢。

非專家的小建議

如果身邊有一位摯友，因病將離我們而去。請記得盡可能陪伴他，聆聽他細訴前塵往事。更重要的是問他有甚麼心願，然後盡所能幫他達成心願，因為這是我們可以給他最好也是最後的禮物。

16

沒想過像我這把年紀，
還有機會遇上伯樂。

已經不止一次，接到這樣的電話：

「羅小姐，我們是ＸＸ長者中心，想邀請你來跟我們主持一個講座。」

又或者，接到這樣的電郵：「我們是出版長者雜誌的，很想邀請你幫我們寫有關長者……」

他們大概上網查過我的資料，知道本人已年屆拿樂X咭之齡，所以就向我揮手。

還記得第一次接到這樣的邀請，是我初為人母之年。接電話的時候，剛好感冒咳嗽得很厲害，邊咳邊婉拒對方，怎知對方聽到我咳個不停，立刻掛了電話。那時只想告知對方一聲：「我未夠年齡向長者主持講座啊！」

如今，這已不能是藉口。但心中仍在問，年屆中年的下半場，是否需要轉型，不做家長教育，改為長者教育呢？

正當我在這個十字路口躊躇不前，不知怎樣走下去的日子，上天讓我碰上了你，蓮。

仍記得第一次見面，在書展的那所自助餐廳。本來約見的是你的上司，沒想到他把你帶來，這一見面，把我的夢想航道作了一個大拐彎的調整。

第一印象最吸引我的，是你眉宇之間透露著的秀氣，還有那種自然散發的文藝氣質，後來才知悉你是同儕口中的「文藝女神」。

當然更吸引的是你的觀察入微。本來只是聊聊女兒乖孫的瑣事，不知怎的你竟然說：

「你是一個有故事的人，有否想過寫童話繪本？」

「我……可以嗎？」不知道你還記不記得當天對你的建議，我是「一頭霧水」的反應。過去的日子，我執筆寫下的，就是「我手寫我心」。寫故事小說，從來不是我的「那杯茶」。

「但你說的那些故事都很吸引啊！試試寫啊！」

那天，雄心壯志早已蕩然無存的我，內心那微弱的小火點，好像突然被點燃了。接著的那兩個月，共寫了五個故事，給你編輯修飾，看到你一字一句的斟酌推敲，那種認真的工作態度，是我少見的。

還記得有一次，因為編輯內容的改動，我們各持己見。聽過你力陳原因，我接納了，也改變了原本把稿件抽起的初衷。更沒想到的是，經過這次的磨合，我們的合作也愈來愈暢順成型。

不瞞你說，我本來以為自己的寫作路，已經到了一個瓶頸。活了大半輩子，已經出版了超過六十本著作，老娘我已經心滿意足。從沒想過要跨足踏進童書創作的領域。總是以為，這些創作的點子，是屬於年輕一族，因為他們滿有想像和創意，我嘛，「老了，已經是人家婆婆了，不可能啦！」

還記得你帶著肯定的眼神告訴我：「你是一個『說故事』的人，一定能寫！」那時候，還以為你只是單單想游說勸服我，後來跟你交往久了，明白你是一個「清心直說，並無虛言」的人，心底欣賞之餘，也嘗試看看。

還記得三十年前，讀過一本經典管理學的作品，史蒂芬柯維 (Stephen Covey) 的《與成功有約：高效能人士的七個習慣》(*The 7 Habits of Highly Effective People*)，當中的七個習慣，深深改變了當時的我：

1. **主動積極**
2. **以終為始**
3. **要事第一**
4. **雙贏思維**
5. **知彼解己**
6. **統合綜效**
7. **不斷更新**

當時的我是一個怎樣的人？努力向前，忙這忙那，很想在人群中脫穎而出，但心底裡卻覺得自己懷才不遇。那時的生活，就像一隻盲頭蒼蠅，不知道未來的目標方向，沒頭沒腦一股勁往前衝。感恩的是有天逛書店，跟這本書相遇了，從此，我的人生「不再一樣」。

因為書中的信念價值（如作者口中的成功是跟「品德」有關），還有對周圍人事物的看法，都深深吸引著我。最近更買修訂版回來重讀，書末還附了作者柯維的最後訪談，當中他談到「退休，是錯誤的想法，你可以從某個職位退休，卻不可能從有意義的計劃及貢獻中退休」。他以音樂的「漸強」（Crescendo）來鼓勵我輩中人，要讓人生「更有活力、聲音更大、充滿力量與奮鬥」，就是「讓人生扶搖直上」。

我本來以為當人生走到黃金歲月，聲音會愈來愈微小，要下台階，歸隱田園，學學烹飪種花（哈哈，這均非我所長），沒想過可以走另一條路。而這另一條路的嚮導，就是你！

仍記得當時對你修改我的文稿，心底有點「不服氣」。怎麼說我也寫了幾十年的稿子，怎會有這樣的改動？後來，跟你溝通，聽你娓娓道來怎樣站在小孩子的角度去寫，以配合繪本的內容，還有你對文字的功力和掌握，都讓我心悅誠服。

正因為這樣，我也改變自己的思維：「不錯，在心靈寫作行列，我是個熟手了。但在童書創作的領域，還是個『新手』。」要放下身段，這樣的學習與互動，會讓作品更貼近孩子的心靈。

蓮，謝謝你不吝嗇地指導我，，真的沒想過在我這把年紀，還可以碰上你這位年輕的伯樂。你對所做的滿腔熱誠，做事一絲不苟，很多事情是「說了就做」，做了會想「怎樣才做得更好」。出版對你來說，不單是一份工作，更是一種使命，很想為現世的孩子帶來更多正能量。我是有幸碰到像你這樣的拍檔，也很高興我們一拍即合，而且合作無間。

深深盼望在未來的日子，只要你的時間許可，我們仍有合作的機會。如此我深信，如此我等待。

非專家的小建議

跟年輕朋友碰觸，是我一直的寄望。感恩的是身邊不斷出現這樣的晚輩，跟他們聊天互動，讓我感覺年輕。如果你跟我年齡相近，想想身邊有否這樣的人可以跟他互動，彼此交流。如果你是年輕的，就想想身邊是否有樂意跟你互動的長輩，試試約他出來喝茶，他一定會很歡喜的。

17

在你我的情誼上，深深體會「君子之交淡如水」的最佳距離。

第一次見你，是在一個公開演講的場合。我們都是台下的聽眾，因為屬於同一個委員會，你碰巧坐在我隔壁，向我點頭打了個招呼，交換了名片。一看名片上的銜頭和資歷，嘩！好厲害的女子！

「早已聽聞你的大名，失敬！失敬！」我不忘恭維。

哪曉得，你的嘴角動也不動，好一副冷若冰霜的臉孔，像拒人於千里之外，嚇得我趕忙退避三舍。第一次見面，就只是簡單的 Hi 跟 Bye。

心想，**我這類熱情如火，見到陌生人就火速跟人家交往的，跟冷漠、與人疏離的你之間，存在著一道大鴻溝，根本不可能做朋友**。

但事實證明，我錯了。

我們的連結，始於那次開會時的討論。我一句發言，你一句補充，大家的意見竟然如此一致。會議結束，你提議一起午餐，我當然二話不說，欣然答應。

那頓午餐，我邊喝著羅宋湯，邊聽你娓娓道來大學畢業後投身到教育學術界的種種際遇。原來，在別人眼中一帆風順、扶搖直上的你，經歷過不少挫折失敗，並非外人眼中那樣的一個天之驕女。

「能得到今天的點點成就，其實都是運氣。」沒想到，平日盛氣凌人的你，居然說出如此謙遜的話。

「你找我午餐是因為有甚麼事想商量嗎？」終於忍不住，提出了這個問題。

「想請教你有關一些家庭的問題啊。」

「是嗎？真的不敢當。我會盡我所知的，嘗試給你一點點意見！」大概因為不熟，我們兩個在「鬥客氣」。

就是那頓飯，將我們的距離拉近了。往後的交往，也不算緊密，更談不上甚麼節奏，總之你一通電話邀約，我一定赴會。然後，你介紹你的朋友給我認識，我也帶我的朋友跟你見面。

身邊一些跟你同界別的人士，竟然收到風聲，說怎麼我們兩個可以成為「好友」。總覺得你不容易跟人稔熟，更不可能跟個性如此迴異的我交心。

也許，我就是那萬中無一的幸運兒吧！

還記得有一次，我介紹你認識其中一位剛相識的好友，因為對方屢次拜託我。那時候，我的座右銘是：「自己有能力的時候，能幫就幫吧！」卻沒想到見面後，你的忠告就來了：「小心對方在利用你，別把人性想得如此單純啊！」後面還加了一句：「記著，你可以 say no 的！」

遵命。日子觀察下來，對方真的如你所言，心懷叵測，還是保持距離，以策安全。自那次以後，我對你更是加倍尊重。因為身邊沒有多少個像你這樣直言不諱的朋友。

我自認是對友情有點沉迷的人，相信好朋友可以一生一世。還記得中學的歲月，會因跟當時的姊妹講一整晚電話而感到自豪，為的就是要立下一個跟摯友「通宵講電話」的紀錄。現在想來，真傻！但年輕就是這樣，要麼不做，要麼就要來個轟轟烈烈。

只是，隨歲月而疏離崩裂的友誼，狠狠地給了我多記耳光。讓我知道，即使對人多好，也不一定換來一句多謝。曾經以為可以「此生無憾」的關係，到頭來只是「轉眼成空」。

仍記得母親生前的勸誡：「君子之交淡如水。」唯有淡淡的、保持距離的友情，才是「君子之交」，才能「歷久彌新」。這句話，在你我的情誼上，深深體會了。

真的，親愛的你，我們見面的次數不多，交談的時間也不算太長。但我知道在你冰冷的面容裡，藏著一顆熾熱的心，只是不容易表露出來。

最近讀到一本英文書，Nadia Narain 和 Katia Narain Phillips 姊妹倆合著的《*Self-Care for the Real World*》，裡面提到三種朋友：該常常見面的、該有時見面的、該永不見面的。我將之整理甚至更改了優先次序（也添鹽加醋了），簡略如下：

該常常見面的：是那些以真誠相待，以善良相向，無論我們多麼窩囊仍會支持鼓勵與接納我們的「老死」。要不，就是識於微時，知道我們的人品過去，仍不離不棄的「老同學」。

該有時見面的：是那些終日憂憂愁愁，「無事不登三寶殿」者，因為他們需要大量的關懷和慰問，問題是我們有否這樣多的時間去陪伴他們？

又或者是那些「飲食專家」：跟他們在一塊無憂無慮，談飲食，講旅行，都可以暢談幾個小時。相約去旅行的話，更是樂而忘返。這些朋友一定要有，但不用常常見面，因為會影響我們的體重！哈哈！

該永不見面的：是那些不在乎我們，對我們的短訊「已讀不回」，就算知道我們出了甚麼事，也從不過問的人。我們於他們，只是點頭招呼的過客，他們於我們，也是。

又或者，是那些「有風駛盡悝」的人，在需要朋友的時候，說盡好話，到有天所求得著就消失無蹤。我們甘於成為他們的「人情提款機」嗎？

但我要多加一種，就是：

縱使少見，仍會珍惜的：就如你。跟你相見，大家談話的內容都很精煉，你從不講

「無謂」之言，從來都是「言之有物，言之成理」。但知道你工作繁忙，要兼顧的很多，所以從不敢多打擾。但需要忠告的時候，我最想見的是你。也深深相信，你是不吝嗇給我提醒的。

最近，又碰上一些麻煩事，可以找你嗎？

非專家的小建議

如果我們的周圍，盡是些「說好」的朋友，未必是好事，一定要有一些「諫友」，但偏偏這類朋友可遇不可求。我身邊的幾位，都有一種特性：比較理智、疏離，更不會隨便發言，但卻是「聽君一席話，卻勝讀十年書」那一類。看看身邊是否有這類型的朋友，千萬別被他們冷酷的外表嚇倒，說不定他們正是你身邊不離不棄的「諫友」。嘗試跟他們聯絡，多交流吧！

18

你是我生命中一根寶貴的針，
可以讓我免陷於心靈的麻木。

這個晚上，無意中看到一齣名叫《三個耶穌基督》（*Three Christs*）的電影，讓我想起身在海角一方的你，我的良師益友。

片中的主角，是我們都喜歡的李察基爾（Richard Gere）。還記得那些年，一聽到是他主演的影片，我們就火速結伴去看嗎？只是，這齣電影裡，李察基爾已老態畢現，不復當年俊俏。在戲中他飾演一個小鎮的心理醫生，跟三位自稱是「耶穌基督」的病人進行治療。

想起你，純粹是因為李察基爾飾演的那個心理醫生艾倫史東的角色。當醫院的管理層都覺得該以傳統禁閉或電療來治療精神病患時，艾倫史東卻堅持以同理心來對待病患，與他們談心啦，玩遊戲啦，將他們當成朋友。看見他勇敢地走進病患的心靈世界，尤其他躺在其中一位病患懷抱的一幕，不知怎的，我的眼眶濕濕的，想起了我們的相知相遇。

當醫院的人都對病患標籤、排斥，動輒就用電擊來對付。但史東醫生卻獨排眾議，堅持著以同理心對待那三位特別難搞的病人（自稱為「耶穌」的三位）。那是一種心與心的相繫，不是言語，而是一種默然的共鳴，就像當初你對我那樣。

想起那些日子，我被拒之門外，甚至被當成是眾矢之的，是你，不管旁人指點非議，站在我背後，支持我，鼓勵我。記得我問過你：「站到我這邊，不怕被人排拒嗎？」你看著我，一副大義凜然的樣子，說：「怕甚麼？」哈哈，現在想起來，真爽！

雖然你年紀比我小，人生歷練也不一定比我多，但在你身上，總是有一種良師的氣質，每次跟你聊天，都有一種「一言驚醒夢中人」的醒覺。

這個晚上，跟一群女人談到「人生師傅」的特質，其中有幾項，都是在與你交往中，曾深深經歷過的：

「挑戰你走出舒適區」：記得那個早上嗎？跟你在茶餐廳吃早餐，你問我有想像過自己未來是怎樣。我想也不想就回答：「當編輯，寫作啊！」。你卻邊喝著奶茶，邊娓娓道來「我的未來」：「我見到你站在台上，向著幾千人講激勵人心的話。」聽著，我的奶茶差點噴了出來，是萬二分詫異，感覺不可思議：「胡說！怎麼可能！」你卻反駁：「你才三十多歲，要走的路還遠，怎麼知道不可能？」

豈料，二十多年後，當我站在會展最大的展覽廳台上，對著幾千人分享的當下，想起你昔日的「狂言」。老友，你怎會知道我有這樣的「下半場人生」。想到這裡，不得不佩服你驚人的「洞察力」。

「支持你，給你忠告」：按常理說，支持的人一定會說「加油」、「全力以赴」等支持的話，但這些卻絕少出自你的嘴巴。跟你分享好消息的時候，你只會淡淡地微笑，頂多也是點頭讚好。但永難忘記在我頹唐的日子裡，傷心得要趴在地上痛哭的當下，你跟我說：「來吧！可以伏在我肩膀上，好好哭一場！」是的，當一個人背負著「過剩」的難言之隱，不想多說多談的時候，有一個肩膀靠著來哭，是何等讓人釋懷的一件事。

當然，**在眾人皆推與慫恿我往某個方向走的時候，你卻愛唱「反調」**。老是問我「真的想去？還是被人家催促的？」、「有沒有問過家人？」、「有沒有想過事情搞砸了會怎樣？」，一連串的問題，曾讓我洩氣，老覺得你是在「潑冷水」。怎知道，這一盆盆的冷水，卻澆醒了當時「意亂心迷」的我。老友，感謝你在適時的逆耳忠言啊！

「好的聆聽者」：你在香港的時候，每每我碰到難以抉擇，或想多找一個人商量的困局，一通電話你就出現。即使你多忙，也會第一時間給我回電。我深知道，你是一位隨時隨刻都回應的摯友。更奇妙的是，你口才一流，但跟我聊天時，卻從不「搶咪」，總是耐心地聽聽、問問、聽聽、問問，才回應。特別當我心煩意亂、滔滔不絕大吐苦水之際，你不會打斷我的話，總是托著腮聽我盡訴心中情。理智的你，對著感性的我，正好是一個平衡。

「為我歡呼鼓掌」：愈來愈覺得，與哀傷的人同哭，以同理心代入對方的處境，容易。但當一個人在開心得意的日子，有人會為你歡呼鼓掌，難。

試過在年輕的日子，本來以為對方是談得來、互相支持的好友，跟著分享一些開心事，怎麼曉得對方一點反應都沒有，往後還聽到一些「流言」，後來才明白，不是每個人都理所當然為你的成就高興，那種「為何是你不是我」（Why you, not me!）的酸溜溜，會在內心攪動翻騰。

自此，我便學曉不要把自己的「開心」建築在別人的「嫉妒」上，更會謹慎選擇分享好消息的對象。但對你，我從來沒有這樣的疑惑，自年輕的歲月至今，你總是一如過往鼓勵我，扶持我。

老友，在執筆寫你的當下，逝去的回憶一幕幕浮現。我對你最大的矛盾是：在孤單的日子，很想很想見到你，跟你分享，聽聽你睿智的高見。但又害怕見到你，因為你那些一語中的忠言，常常刺中我需要面對的「要害」。我常說，你是我生命中一根寶貴的針，可以讓我免陷於心靈的麻木。每刺一下，就把我拉回現實，讓我在人生的迷霧中，醒一醒神啊！

非專家的小建議

在網上看過一場由《鏡子練習：21天創造生命的奇蹟》（*Mirror Work: 21 Days to Heal Your Life*）的作者露易絲賀（Louise Hay）主講的演講，她鼓勵參與者跟內在的小孩連結，對著鏡子說：「我真的很愛很愛你！」神奇的是，有人說著說著便哭了，有人從此得到鼓勵。換一個角度，不如這一次，我們試試當自己的諫友，對著鏡子問一些「逆向」的問題，就是當我們執意要往東走時，問：「為甚麼不選擇相反的一方？」

19

能認識三頭六臂的你，
讓我大開眼界。

C，第一眼見到你，就被你的笑聲吸引，還有那優雅亮麗的打扮，走路時高跟鞋的「嗒嗒」聲。及後有機會跟你交往，深深覺得你人如其「聲勢」，樂觀爽朗，對人對事觀察入微，是不可多得的「拍檔」人選。

感恩的是，上天也安排我們有這些機緣，在不同的場合「拍住上」。也不知道主辦單位是有意還是無意，愛把你編在我身邊。所以我常說你是我「鄰座的同學」。

碰到一些具爭議的課題，我會先閉上嘴，靜候你這位「女俠」出招。你嘛，當然是問中要點，一語雙關的帶出不少擲地有聲的見解，讓我佩服得五體投地。

記得那次，我們都皺著眉聽某某的論述，明明是不著邊際，帶大家「遊花園」。瞧見你那精靈的雙眼在轉動，跟著就聽到你接二連三問了一串問題，都是跟討論的主題有關，讓當事人不得迴避，一一作答，讓人拍案叫絕。

起初認識你，本來以為你只是職場備受器重的高層，原來在家同樣是樣樣俱能的CEO。過時過節，你總不忘贈送身邊好友佳餚美食，讓我們可以大快朵頤。更不用提那些巧手小菜，聞說兒女都愛吃你煮的菜，多過菲傭姊姊煮的，而你為了孩子，每個星期就算工作多忙，也會回家煮幾味，逗逗家人歡心。還有就是你哪來這樣多的時間，竟可以同時在大學報讀了工商管理的碩士課程，並擔任多家公司及慈善機構的董事……

好多人都覺得，我身兼多職怎樣兼顧？我的回應是：「身邊有些『三頭六臂』的人辦，是我學習的好對象！」第一時間想到的，當然是你。

最讓我欣賞的，是你面對任何處境都「臨危不亂」。好幾次了，跟你談到人生的一些「痛點」，你總是沉著的，不偏頗且帶有理據，而且心平氣和的，想到如何可以四兩撥千斤，從困境中瀟灑而退。

在你身上，我看見你面對困惑時，總是嘗試去多方「認識」，哪管是一個課題，或打探一個人，不會只信「片面之詞」。你也注重當下的「親身經歷與體驗」，雖然箇中有不少喜怒哀怨，但你仍勇敢地活在當下，細細「品嚐」。同時你不會把自己局限在「感覺」上，總是會跳脫出來以理性分析，並願意用「另一種角度」（或新的觀點）分析某個狀況。我更佩服的，是你懂得在適當的時候選擇放手，不讓事情糾纏下去，成為一塊又臭又爛的纏腳布。

說起「纏腳布」，也是我們共同的「小確痛」。就是**在生命中，會出現某些「不怎麼討人歡喜」，或說得坦白點，是那種「討厭鬼」，愛纏在我們身邊，三五天就會耍出奇招，讓人哭笑不得。**

「天底下怎會有這樣的人，喜歡纏著另一個人不放？」記得有天我們討論這課題，嘗試反思。

「可能是嫉妒吧！嫉妒你擁有的是她一直想要的，便會纏著你不罷休，或到處說你的壞話，嘗試圍堵打擊你！」

對，對！怎麼沒想過！

跟另一些知心女友談過，特別是那些在職場表現出眾的，大都碰上這樣一兩塊「難捨難離」的纏腳布。而這些纏繞著她們的，有可能曾是深交摯友，也有可能是工作上的前度主管。

「其實說穿了，是因為她們失去本來的工作崗位，或從沒被人賞識認可，所以對我們所擁有的虎視眈眈，也怪可憐的啊！」C，感謝你本著同理心腸，給了我這個「易地而處」的回應。

「那可以跟對方怎樣交往？」我趁機追問。

「保持距離，談笑自若，不給對方留口實的餘地。」短短幾句，就道出怎樣應付這些特殊又討厭的人物。聽君一席話，常讓我茅塞頓開，真的開竅了。

C，「好想跟你多取經！」這是我心底話，也是真心話。

及後這些年，多次邀約午餐，你都欣然答應，而且總是準時出現，從沒缺席。也因著大家的認識深了，你也開始明白我工作上的瓶頸，有時也會迷惑，該左走還是右走，總要找出一個方向。所以當你那天向我提出一個工作的新點子時，我有點詫異。

「科技的東西，我不懂啊！」這是我的託辭。

「不懂可以學嘛！」這是你的堅持。

「會有人願意在網上上課嗎？」我還是猶疑！

「當然會！我擔保一定有學生！」你一副「包在我身上」的自信模樣，我開始心動了。

就是這樣，開始了第一個網上課程，滿額了。接著，第二、第三、第四個，學生與家長的反應異常熱烈，更開心的是收到學生的迴響，他們很愛這樣互動跟創意並重的網課。

C，我真是深深感謝你對我的提點。雖然我外表好像很跳脫活躍，腦袋也好像點子多多，但我的缺點卻是「只是口講，很少付諸行動」。多年以來，見過「各路英雄」，吃一頓飯，拋下幾個創新的建議，對方聽罷總說「會考慮考慮」，到頭來「連影兒都沒有」。現在學「精乖」了，不會隨便亂拋點子，碰到熱情的人也會先在旁觀察三思，不會浪費時間在一些毫無意義與跟進的交談上。

最近有機會看一齣科幻片，是楊紫瓊主演的，戲名是《奇異女俠玩救宇宙》（*Everything Everywhere All at once*）。好友說看這齣戲聯想到我，我看這齣戲卻想起你。就是那位身兼多職，內心有掙扎矛盾，但也真情流露的好媽媽，好妻子。而且，你對待兒女的親和溝通方式，比戲中的那位中年大媽秀蓮優勝多了，外貌也更嬌俏甜美多了。哈哈！

C，雖然你屬於能者多勞，身兼多職，但在你心目中，老公兒女仍是穩坐首位。你對他們的愛顧、照料和關懷，我都看在眼裡，也深深知道你現在努力的一切，不是為了自己，而是為了 better good of our society。深深祝福你，身體健康，繼續精力充沛地以積極樂觀的生命，影響身邊的人（我就是其中一個受惠者）。

非專家的小建議

身兼多職看似一個plus，但若不懂得安排時間，總是被身邊有需要的人牽著鼻子走變成「身不由己」，身兼多職就會變成「負累」。C是我見過身上最多職銜但仍活得瀟灑自在的人。因為在她身上，我看到甚麼是「首要任務」，那些「次要任務」就是能做便做，能力時間負荷不來的，她會客氣拒絕。也是時候想想忙碌的自己，忙的趕的真的是我們想做的嗎？我們有否把時間留給最重要的家人，陪伴服侍他們呢？

20

一句看似隨口的讚美，
造就了今天的我。

羅老師，你好嗎？在異地生活如何？能適應嗎？

記得你告訴我移民的消息時，我的心驀地一沉。不會吧！這樣大年紀，還要到一個人地生疏的異鄉，重新開始？

後來證實是真的，雖然「捨不得」是我內心的感受，但對你的抉擇卻不該感到詫異。因為勇於冒險，不怕艱辛，正正是你的本性。

還記得中一那年，你是我的班主任。那時的你，愛穿裙子教學，說起話來，聲音清脆，字字鏗鏘。那時，好喜歡上你的課，因為你不單說書，也愛說故事，聽著，像在聽廣播。

因為熱愛文學，所以你在課堂中提到的作品，如巴金的《激流三部曲》(《家》、

《春》、《秋》）、徐速的《星星・月亮・太陽》和《櫻子姑娘》，我通通都買來讀。

因為鍾愛寫作，所以常常厚著臉皮，把拙文給你批閱。有天，你居然鼓勵我每個星期除了作文課外，可以多交一篇文章給你修改。當時迷戀寫作的我，登時一口答應。

仍記得第一篇交的稿子，名為〈現代青年的病態〉，是對時下青少年的觀察與批評。其實，那時的我只有十三歲，只是一名黃毛丫頭，居然夠膽對「現代青年」指指點點，真不知天高地厚。

可是，印象中你沒有笑我年少輕狂，卻耐心批改。

只是那年，你的生活遭逢巨變。同學圈傳來噩耗，看到你上課時憂愁的臉容，年幼的我們不知怎樣安慰才好，只有彼此提點：「羅老師不開心，我們都要專心，乖乖上課！」不知道你是否記得，那年我們班上你課時，都不敢造次或喧鬧，格外專注。

一個學年很快過去，記得在學期末時，收到成績表。當時是班主任的你，給我的操行分是甲上，評語是「天資聰穎，言行有禮，力學守規，殊堪嘉勉」。這十六個字，我一生謹記，對我的人生意義重大。因為作為中間的女兒，上有一位全港知名的音樂家姊姊，下有一位老爸期待已久的男丁（就是我弟），根本沒有地位。也因此，我對自己的「存在」與「價值」感都甚模糊，心底裡一直覺得自己只是個「可有可無」的孩子，老爸為了「追個仔」而生下了我。而我在學校絕少是成績名列前茅的那個，但你竟然給予這樣高的評價，讓剛升上中一的我受寵若驚。

還記得話別時，你輕輕對我說的那句話嗎？

「羅乃萱，你這麼喜歡寫作，將來一定可以成為作家！」這句話後來成為我夢想的錨，讓我安穩渡過多少個受盡貶抑冷眼的創作汪洋。

可惜的是，自中學跟你分別後，渺無音訊。每次問母校的師長們，是否有你的消息，他們都說沒有。又或者告訴我，你深居簡出，不再出來見人了……

是嗎？但若你知道我在苦苦尋找你，你會願意見我一面嗎？

直到那天，我返母校主持講座，在台上滔滔述說你對我在寫作路上的鼓勵。結果，跟你一直保持聯繫的他走過來，拋了這個讓我雀躍的問題：「你想見羅老師嗎？」

當然想，而且是好想。

「那我帶你去？」

羅老師，你知道嗎？那天坐著他駕的車子，去探望你的那段路，我的心一直怦怦地跳，七上八下的，煞有介事的緊張。緊張甚麼？自然是當你看見我時的反應。時隔這麼多年，你會記得我嗎？你見到我寫的書，會有甚麼評價……

門打開，依舊清湯掛臉的短髮，只不過兩鬢斑白；笑容還是那麼可親，聲音也是鏗鏘嘹亮。

「聞說你到處演講都提起我啊！」

「是啊！我告訴台下的聽眾，是你鼓勵我寫作，是你說我將來可以當作家的！」

「哈哈！我隨口說說而已……」

也許你沒想過，一句隨口而出的讚美，造就了今天的我。

那個下午，我們聊個不停。自此，又可以跟你連上線了。每逢出一本新書，我都會送你一本。即使是出版了的書，出現錯漏的話，你會一一告知。我常說，時至今日，你仍是我的「最佳編輯」。

本來以為，這段師生關係，可以歷久彌新，天長地久。萬萬沒想到，你說移民就移民，一個月內收拾行裝，跟家人遠赴他鄉。

離別在即，總是擔心你能否適應那些吃洋餐的日子。後來知道你住在人煙稀少的小鎮，就更擔心你在那邊是否認識到新朋友，可以有多些照應……

前一陣子，傳來令人擔憂的壞消息：你到步不久就感染頑疾。聽到身子本來就虛弱的你，還要受風寒侵襲，我感到很心痛！

還好，沒兩個星期就收到你康復的消息了。現在生活如何？有沒有認識到新朋友？

記得最近讀過一本書，當中引用詩人威爾科克斯的作品〈你是哪一種人？〉（*Which Are You?*），談到人愛把世界的人二分：罪人／聖人，富人／窮人，謙卑的／驕傲的，但其實人只有兩種：「一種是支撐者，一種是倚賴者。」有些人的出現，就是天使，是增添他人的價值，支撐別人的夢想。

羅老師，我何其有幸在懵懂無知的那些年，遇上你這位良師，成為我人生旅途上的支撐者。尤其感謝的，是那天我得獎了，明知你帶孫兒繁忙，也鼓起勇氣邀請你來觀禮，沒想到你會一口答應。

那個下午，你早早就帶著乖孫應約，坐在前排。看著你的笑容，我熱淚盈眶，在台上對你再次表達深深的謝意。

古語有云：「人生得一知己，死而無憾。」我的版本是：「人生得一良師，死而無憾矣。」

深深祝福你在彼邦，生活愉快，身體健康！

非專家的小建議

你的讀書生涯中，碰過良師嗎？如果有，有否跟他聯繫？此刻讀罷我寫給羅老師的信，是否有一股衝動想約那位關心你、鼓勵你、陪你同行的老師喝杯茶，談談近況？

很想告訴你，跟中學或小學的老師再見面，談談校園的種種回憶，會感覺人年輕了，心也被過去曾出現的美好滋潤著，成為前進的動力。

想起哪位老師？快點聯絡他，好嗎？

Part 4

相信自己，
肯定自己的價值所在，
因為我們很了不起

21

別讓你的善良變得廉價，甚至任人踐踏。

C，還記得我們第一次見面的畫面嗎？

那次知道你是S的好友，於是三個女人一起吃飯。還記得S這樣介紹你：「她啊，是我見過最善良的人，毫無機心，很多人都愛跟她做朋友的。」

跟你交往不久，發現你真的是這樣單純可愛。正因這樣，身邊圍繞著你的舊雨新知，總是源源不絕。

你曾告訴我，跟那個明知非善類的R相識沒多久，他立刻把握機會約你午膳，你因為不懂拒絕而赴會。結果發覺他想借助你的人脈，來達成某個商業目的。

你的能力出眾，所以在辦公室成了同事有求必應的「救世主」。誰家裡出事要請假，你義不容辭就頂替對方的工作。誰感情出現問題，你二話不說就「捨時陪公主」（就是犧牲自己寶貴的時間，陪伴脆弱得不堪一擊、被家人寵壞的「公主」，恕我這樣稱呼她們）。還有，誰誰誰說最近經濟出現問題，你竟然爽快地給對方自己的一半薪水，還說可以「有借無還」，而那些貪婪分子，就真的一借再借，最後索性不還錢。

我跟S眼巴巴地看見身邊的人對你的善良總是得一要二，得寸進尺，但你卻無任歡迎似的，我們倒在那邊摩拳擦掌想幫你「趕客」。

親愛的，**善良不是問題，慷慨也是一種美德。但對某類人，過度的善良與慷慨，就會讓人予取予求**，覺得你幫他就是「理所當然」。直到有一天你斷然拒絕，對方就會反擊，覺得你自私自利，卻沒想到「過往日子」你對他們毫不計較的「大方」。

C，不瞞你說，骨子裡我跟你是「同族人」。就是執迷不悟地篤信善良，甚至認為只要心存善良，頑石也可以點頭改變。

只不過這幾年悔改了。因為殘酷的現實教訓我，善良是一個誘人貪取便宜的餌。不過，這又是我們的本性，怎麼辦？

直到某天，無意中在書局，見到這本由日本暢銷書作家午堂登紀雄著的《劃出善良底線，好相處，更能獨處：取悅別人只會廉價出賣自己，堅持自我意志，你的善良才有價值！》，簡直就像遇上知己似的。書中的標題字句，句句如暮鼓晨鐘，重重地敲醒了沉睡中的我：

「把你『逼入絕境』的，只有自己」：對我來說，就是戒掉「來者不拒」的陋習，他人的請求，每一個都要細想，衡量自己的能力與時間，還有對方的意圖，不再盲目答應，白白被人利用。而懂得這樣反省衡量的有效方法，就是每天獨處自省，問問自己：「做這決定，是真心的還是被人擺佈的？」「要幫人家這個忙，我的體力、時間真的負擔得起嗎？」多問這些問題，讓我們知道自己是否到了心力交瘁的臨界點。

「寧當『壞人』，也不被打腫臉『充好人』」：作者在這篇裡毫無保留地揭穿「善良」人的底牌，就是害怕「別人怎麼看」。如這回拒絕了，人家會否覺得「我不近人情」？就像最近幾天，臨近全城推廣閱讀的好日子，每天都有些「突如其來」的邀約，只是我的時間精力有限，不可能個個都答應，只能選擇其中之一，嘗試厚著臉皮推了好幾個。聽到別人在電話筒那端說「明白」，語氣是失望的，而「讓別人失望」從來不是我們愛喝的那杯茶，是嗎？但要學習善良得有底線，這是必「喝」的。

「有些『關係』，不維持也沒關係」：這句話，簡直擊中要害。年輕的日子，往往因為害怕不合群，害怕孤獨，不得不強迫自己跟那些道不同、脾性也並非同流的人打交道。還記得好幾次在某些生日宴上，跟坐在旁邊的那位話不投機半句多，如今明白人生苦短，時間寶貴，不會把時間花在一些無必要的應酬上。對那些對方不在乎，我們也不在乎的關係，又或者那些「對方不在乎，我們一廂情願在乎」的關係，都要一律拒絕。

你可能覺得，彼此不在乎，也少往來，已經是放手的第一步了。但對那些「在乎的、上心的」關係，怎能說放棄就放棄？但親愛的，當我耳聞目睹身邊一些好姊妹，終生就是被這種一廂情願的關係，捲入了無限期的等待，以為對方回心轉意，但對方從來不把她當一回事。眼巴巴看著她們從希望到失望，從失望到絕望的歷程，我實在心痛，卻又勸不來啊！

「『識人不足』才會『遇人不淑』」：坊間有不少性格分析的理論，甚麼 DISC 或九型人格等等，都是一些有理論支持的人格剖析，幫助我們理解身邊的人的行為模式。面對身邊不少性格如巨星般的朋友，絕對需要用這些測驗來解讀，不要貿貿然因為第一印象感覺良好，就一頭栽進更深入的關係。要明白，古人說的「路遙知馬力，日久見人心」是有其道理的。

親愛的，說了這麼多，可能會覺得我囉唆。但我想你會明白，這些肺腑之言是來自一個吃過不少人際關係的虧的人。深深希望，我走的冤枉路，你不要再走；我領受過的教訓，你不用再領教。

善良無罪，更是無價。但不經思考的善良跟愚蠢，卻往往是一線之隔。

非專家的小建議

試試拿出一張白紙，把人生分成幾個階段：少年、青年、中年和晚年，然後在每一個階段寫下十個好朋友的名字，逐一衡量一下彼此的關係，若要你在每組刪去五個名字，可以嗎？這是我曾做過的練習，發覺要刪去五個，不難。但剩下五個再逐一刪去的話，就覺得很棘手了。

22

我的時間精力有限，要留給身邊需要後援的朋友。

認識你的時候，你還是個學生。清湯掛臉的頭髮，好清純的女孩。第一眼看見你，已覺得彼此投緣，也就主動相約聯繫，友情就在這點點滴滴的見面中滋生。

直到那夜，看了一場午夜場，意猶未盡。走在尖沙咀的海濱路上，大家談到彼此的原生家庭，那個蠻不講理的爸爸，好像找著了一根共鳴的弦線，就此連上了。

「為何我要生長在這樣一個家庭裡？」這是我們共同的問題。面對老父情緒的猝然失控，見到自己的軟弱無能，我們唯一可以做的，就是默不作聲，悄悄站在一旁，等到暴風雨過去後，摟著媽媽互相安慰。是嗎？

曾聽一位作家說過：悲苦的童年是創作的源頭。當時聽罷大惑不解，現在才知道，那些經歷就是一根線，將我跟經歷類近的人，緊緊相連。還記得多少個晚上，知道爸媽的關係開始緊張，我的精神也跟著緊張，生怕夜半會聽到他倆的吵鬧聲，生怕……

那些不妙的事情會發生。

沒想到，你跟我竟是同類。不同的只是，你爸爸發起脾氣來會喝得酩酊大醉，拿媽媽出氣，我的老爹卻是滴酒不沾，發起脾氣來會拿著玻璃瓶自打額頭自殘。他們萬萬沒想到，他們的這些「行為」留給女兒的，是無法磨滅的童年陰影。

遺憾的是，我們在這些經歷之中，選擇了不同的路。

我選的，是不仗賴他人的憐惜，總是相信，釜底可以抽薪，絕處可以逢生。至於你，則選擇結識不同的人，建立不少支援系統，交友圈也愈來愈廣。

記得那次，在某個公眾場合跟你相遇。你拉著剛相識的她（那位社會的知名人士）穿梭於人群之間，談笑風生。後來才知道，在那商界高手林立、彼此不相伯仲的場景中，你居然是最「吃得開」的那個。真佩服你的交際能力！

而我跟你的情誼，也隨著大家各有各忙碌，開始淡化。雖然如此，我們碰到生活中不如意的事情，還是會抓個機會，出來彼此吐吐苦水的。曾經，我們都是彼此的「樹洞」，你在工作上遇到的困難，我在工作上碰到各式各樣的「性格巨星」，都跟你一五一十道來。

至於你選擇的路，則是建立一個強而有力的後援會，成為你的支撐點。就像這天我碰到的A，她知悉我跟你是好友，忙不迭地說：「你知道她的童年嗎？真的很苦，也難以想像啊……」接著，聽到她娓娓道來多少年前你跟我訴說的童年陰影，也看見她眼神中帶著絲絲的憐惜。

是的，你楚楚可憐的模樣，任何人見到，都會有一種憐香惜玉之心。甚至，願意兩肋插刀，為你赴湯蹈火。多少年前的我，就是懷著這樣的心腸跟你相交。

直至那天，你搞了一個大型的生日派對，宴請身邊關懷過你的好友們。一進宴會場所，才知道你的人面多廣，後援會的實力有多龐大。如果後援會是一個遊艇俱樂部的話，我見到豪華遊艇，也見到普通遊艇，也見到舢舨，或者是獨木舟，大小型號都有。林林總總，實在不勝枚舉。

那一刻，我愣住了！**本來以為我是你唯一或二的後援會成員，原來你的信眾繁多，且不乏富戶人家**。那一刻我逐漸明白，為何我們會疏遠？不是因為時移勢易，而是你找到了比我條件更優秀的後援會成員。看見你這樣，我也安心多了。

也許，這是我該脫離「後援會」的日子了！也正因如此，對你的短訊，我已讀不回。因為我的時間精力有限，要留給身邊需要後援的朋友。

也許那天，等你不再感懷身世、傷春悲秋，我們可以真真正正的有福同享，有難同當的時候，再當彼此的姊妹吧！

但有這樣的一天嗎？我不敢說。

那天，看你拿著酒杯，周旋於各後援會成員之間，那種樂在其中的滿足。我知道，暫時要你脫離這個角色，很難，也並非你的本性。但對我來說，知道自己的「歷史任務」早已完成，在你最需要人關心的日子，我曾經在。往後的，就交給「後來者」好了。

想通了這一點，此刻，就讓我悄悄離開，瀟灑告別！如果彼此仍是有緣，總是有機會再遇見的，深深祝福你的後援會能成為你最有力的「後盾」。

後會有期啊！

非專家的小建議

拿出一張時間表，看看每個星期的時間，留多少給朋友，又留多少給自己。如果發覺有朋友濫用或霸佔過多的私人時間，讓我們沒有 me time，那就要再衡量自己的時間怎運用啊！

23

是甚麼原因，讓你們活在那個妄想的國度裡。

在這個網友都可以算是朋友的年代，你也算得上是我的一個虛擬朋友。

還記得多年前，你已開始在我的專頁訊息留言。有時談談跟家人的衝突，有時談談工作上的不順心，我都嘗試給你短短的回應。我們的網上情誼，也始於此。

只是，有天你突然問我：「認識他嗎？」

「數面之緣吧！也算認識的！」就這兩句短短的回應，我們的對話開始「變質」。最近的兩年，你每天給我的訊息，幾乎都是跟他的一言一行，一舉一動有關。

「今天，我見到他，但他對我不理不睬……」

「為何我打他的手機，總是轉駁到留言信箱，他為何不回電？……」

「其實我知道，他是深愛著我的，只是不敢表達……」

「我會一直等他，等他一生一世……」

看著你一天接一天給我的訊息，發現你已經泥足深陷，難以自拔，墮進一個「妄想」的境界。我甚至會想：你這樣處心積慮在網上接近我，難道是為了想接近他？

不錯，你口中的「他」，我當然認識。是一名不折不扣的鑽石王老五，也是友儕姊妹群夢寐以求的結婚對象。他為人謹慎，通常都是獨來獨往，很少跟異性約會。所以讀到你描述跟他相處的片段，我的回應是：impossible，不可能。

我嘗試給你一個短短的回應，提醒你「放下他，找回自己」。怎知道，你一直當作「耳邊風」，把身邊那些提點你的、想喚醒你的人，都一一謝絕，甚至埋怨她們不明白不理解你。

至於我，也終於沒有那份能耐。自去年起，我沒有將你剔出朋友圈，但對你的訊息，一律不讀不回。

其實，像你這樣的女子，在我人生的旅途上，也碰過一二。特別是在網上。

這使我想起那個曾經稱我為「媽媽」的她。多少次跟她說，「我不是你的媽媽」，她一概不聽。甚至捏造不少我跟她相處的片段，一天發給我一段跟她一起的所謂「回憶」，如教她彈琴，陪她看牙醫等等，都是子虛烏有，從沒發生過的事。

我曾規勸這位女子，請她別再喊我作「媽媽」，但總是力勸不果。我跟她與你的網上溝通，都是類似。你們有你們妄想的世界，我有我旁觀者清的角度，我們像活在平行時空，中間有一道無法跨越的鴻溝。

我一直在想，是甚麼原因，讓你們活在那個妄想的國度裡，一直不願意走出來呢？是因為原生家庭對你們的傷害？是因為你對家中的父母不滿意，所以想找一個歸宿？還是因為你過了適婚年齡，仍未遇上合心意的另一半，又面對各方壓力，以致出現了這些妄想……

我曾經有過這樣一個衝動，約你出來好好見個面聊聊，希望可以一把將你拉回現實的世界。最後，我都拿不出這份勇氣，因為我不確定你會否聽得入耳，還是覺得我又在你的心錐挫了一刀。

所以，我選擇用信，希望有天你會看到，也讀到我的肺腑之言。

我深深相信，**每一個女性都有她的獨特與優點**，**不需要也沒必要把自己的未來依附在一個男性身上**。特別是對方沒有表達過任何好感，既是如此一廂情願，又何必讓自己深陷其間，天天在自討沒趣、自討苦吃呢？

不如好好想想怎樣培養自己的興趣，追尋個人的夢想。你其實可以選擇自己想過的生活，不用每天都被滿腦子的「他」左右。你可以選一條不同的路，找一些可以完善自我，讓自己變得更美好快樂的事情來做。太用力費心去抓住那本來就不屬於自己的東西，根本是白費心機與功夫，何苦來哉！

有聽過這樣一句話嗎：「你若盛開，蝴蝶自來；你若精彩，天自安排。」

從前的我，也曾經這樣用力去追求生命中一些自以為值得追求的「妄想」，結果在跌跌撞撞之間，碰得焦頭爛額。更弔詭的是：有時追求到手，發覺不外如是，甚至大失所望。有時追求不到手，事後才深深發覺，那不是我該擁有的。更有趣的是：隔了多年之後，發現原來得不到的東西，就算從未擁有也「一點都不覺得可惜」，哈哈！這使我想起那些年曾經暗暗欣賞的一個他，很渴望能成為對方的手下，怎知苦無機緣。多少年後在另一個場合遇上，他的言談舉止跟年輕時判若兩人，那刻暗暗慶幸從沒與此人共事，真是福氣！

雖然我跟你只是網上談心，從未實體見過面。但心中仍有絲絲渴望，希望你能掙脫那個虛幻的夢境，將自己拉回現實，好好工作，好好進修，活出美好的自己。到那一天，你可能會遇上真命天子的他啊！

非專家的小建議

如果你覺得上面描述的她，跟你有點相似。不如跑到花墟，買一盆嬌美的玫瑰花回家，放在窗前。每天留意觀察，自然會看到蜜蜂或蝴蝶被她的香氣吸引，你就會明白「你若盛開，蝴蝶自來」的真正意思！

24

其實，你真的很了不起，請不要輕率地否定自己。

接到你病倒的消息，我實在擔心。密密麻麻的時間表，沒有一分鐘能閒下來，但往往就是這些停不了的忙碌，讓你一次又一次病倒。幸虧最後知道，不是大病，我也安心了！

親愛的，我是從心底欣賞你的努力。還記得昔日大家一起打拼，你總是比別人付出多一分努力。明明約會十二點半開始，你卻總是比人早到。明明老闆吩咐跟著指示這樣做就可以，你卻硬要做超過本分的。但更令我大惑不解的是，為何你已經功成利就，仍要繼續不斷鞭策自己，希望更上一層樓？骨子裡，隱隱藏著一種不甘、不滿足呢？

我還記得，那次恭喜你拿獎，你的回應卻是：「運氣而已！人家可能不清楚我的底細。」但一次又一次的被身邊的同事甚至老闆肯定，怎能說只是運氣！為了表達衷心的祝賀，我還約你到那家高級餐廳，吃了個昂貴的下午茶，你卻邊呷著伯爵茶，邊說：「我只不過比其他同事努力多一點點，公司裡出色的同事多的是，又何止我！」

「但現在你拿獎，證明你也是出色的啊！」

「不敢當，不敢當！」連對我也這樣客氣。

後來知道你拿了獎，更升了職，而對自我的要求也愈來愈高，總是覺得自己力有不逮，甚至同事給你一些意見，你也會耿耿於懷，覺得他們會知道你其實並沒有「傳說」中那麼出色。也因為這樣，你更催逼自己，要達到更高的標準。到最後，又是把自己逼至心力交瘁，某天起床頭天旋地轉，嘔吐大作，結果進了醫院，診斷的結果是「過度疲勞」。記得在醫院見到滿臉蒼白的你，我跟你說的那句話嗎？

「不要再作賤自己，好嗎？」親愛的，如果不是因為跟你成了知交密友，也不敢貿然說這樣帶點「頂撞」的話。

終於那天，想到你的情況，我跑去書店買了潔薩米希伯德（Jessamy Hibberd）的《冒牌者症候群》（*The Imposter Cure*）來拜讀（我是真的會因為一位朋友的情況，買一本書來讀的人啊！）。發覺裡面講的那些徵狀，真的跟你有八九分相似。比方說：

- **常常迴避他人的正面回饋，就是不能接受別人的稱讚**。
- **對所做的決定質疑**：還記得你每每做了決定就後悔，總覺得這樣做不夠周全，然後又不斷修訂修正，讓身邊與你共事的人感覺壓力啊！
- **工作填滿了生活，生怕休息的話，就會被別人超越**。還記得你提到辦公室出現那位跟你一直比較的同事，如影隨形跟你鬥，所以你不容許自己有一刻的鬆懈嗎？
- **永遠有一大串自貶的理由**，如「我升職是因為有能力的同事都走了」、「別人的標準很低，我運氣好」、「因為我真的很努力，大概老闆也知道吧」。

還記得那天舉杯慶祝你的生日，我故意跟你說：「希望你的未來，更上層樓。」怎知你反應愕然，很不自在地說：「今天爬到這個位置，已經心滿意足。但相信很快就會有比我更有能力的人出現，我還是打好『退堂鼓』的準備。」

在你的潛意識裡，總是有一種「覺得自己不值得成功」的觀念在支配著你。即使有多少人讚賞你，羨慕你，也不能改變這在腦海中早種下牢不可破的「偏差觀念」？

此外，作者在書中還問了一條一針見血的問題：

「想一想你花在成功事情上的心思和時間，現在再想一想你花在不成功事情上的心思和時間。我不用聽到回答，就知道你花在後者的時間會比前者多很多。」

親愛的，這不正正是當有人欣賞你時，你卻拼命否認，然後訴說得獎升職後的種種壓力與害怕，好像「疑慮」是真實存在似的。難道你身邊的同事，真的都嫉妒你的成就，想一把推你下來嗎？還記得你跟我說在辦公室處處護著你的G是一直對你忠心耿耿、情同親姊妹、處處都替你說好話的嗎？

親愛的，希望你別介意，這樣「單刀直入」的問題與看法，是想讓你看到：「你真的做得到，真的出色，真的成功啊！」

我承認，作為女性，很多時候看事情都以自己的情緒觀念優先，對那些所謂客觀的事實放在次要位置。但面對腦袋那種牢不可破的偏見，就需要動用理智去重新解讀，拒絕扭曲任何事實來不斷印證個人的不是與無能。

試想想，難道過去的成功都只是「運氣」，過去的失敗就是你個人的失誤？是真的嗎？有事實根據嗎？別人真的有說過這樣的話，還是腦海中編造出來的？

《冒》的作者曾說，這種徵狀可能是「每個人都有的經驗」，只不過是多與少而已。早點知道，就可以早點對付，不用常因為某種偏差的思想而鬱鬱寡歡，無法完全活在當下，投入今天的生活啊！

看看窗外，天朗氣清，正是郊遊的好季節。

親愛的，好想邀請你離開工作的崗位，請假一天。我跟你去離島逛逛，遊山玩水，逛逛小店，讓心靈歇歇，好嗎？

非專家的小建議

如果讀罷這封信，發現那些徵狀跟自己所思所想有點相似的話，不妨拿出一張白紙，試試寫下過去一些成功的經驗，如考試的成績、升職的證明、嘉許狀、人生經歷中曾克服的困難、孩子給自己寫的鼓勵信和賀卡等等，都是一些「成就」的證明，讓我們知道，「自己是貨真價實的成功，絕對不是冒牌貨」！

25

請別覺得被淘汰，除非我們自我淘汰。

我們終於可以見面了，真好！

本以為我們早已各散東西，彼此走著沒有交匯點的平行道，怎會想到那天在街角遇上。我建議不如出來喝杯茶聊聊，你竟答允跟我午餐，真是讓我喜出望外。

因為在友儕間傳聞中的你，早已脫離熱鬧的朋友圈，即使三五成群約你敘舊，你也鮮少出席。這次你答應赴約，實在難得。

午餐就在那家座位寬敞舒適的西餐廳內。你點了羊扒，我點了燒雞，你切羊扒的手勢仍是那樣細膩，一刀一刀地切，一口一口地慢慢品嚐。

「好吃嗎？」

「好啊！羶味香濃，我好久沒吃過這樣美味的羊扒了……」那刻才醒覺，你真的好久沒有出來交際應酬，跟朋友見面了。

「那你這幾年在工作有甚麼大計？」怎知道這一問，就觸動了你的敏感神經。

「失業了，還能有甚麼大計！」你邊說邊用力把芥末醬塗在羊扒上，且塗得滿滿的。

「放太多了，會很辣的吧！」我嘗試制止。

「管他的，我就是喜歡這種辣辣嗆嗆的感覺！」然後，聽你娓娓道來這些年在職場的奮鬥，從小職員一直當到中層管理，沒料到的是，近日公司生意大跌，老闆被迫裁員，把你們這些高薪中層一律剔除，讓你感覺前路茫茫，也大嘆老闆的不仁不義。

「老闆把沒經驗的年輕小伙子調升了，薪水低了一截，說是甚麼『長江後浪推前浪』，我們這些前浪，沒用了，但我覺得自己還年輕，就這樣早被迫退休，我不甘心！」

D，我就是喜歡你這句「不甘心」，證明你內心還有火，還有一種心生不忿，覺得自己不應該就此被歲月淘汰，年歲漸長代表個人的閱歷多了，對事物有更深刻的理解，

而不是依附陳舊啊！

「是啊！你們夫妻才四十出頭，絕對只是青年後期而已，還有起碼十多年的黃金歲月在前面等著你，你們倆商量一下，總會有出路的。」

「但你知道嗎？我們是老一派的，現在甚麼『元宇宙』，還有大家的購買習慣跟過往都不一樣，我們兩個中年人，可以追得上嗎？」D，你才四十多而已，怎能說自己是「老一派」呢？

是否完全追得上，我不肯定。但起碼可以去學，上網跟 Google 大爺學，跟年輕人學，怎麼說也會懂一點點吧！時代轉變很快，現在學懂了這一式，很快就有另外一款出現。與其被這些形形色色的所謂「流行」讓我們變成搖風擺柳，不如問問自己，甚麼是我們生命中的「典範」(Paradigm) 或「使命」(Mission)。

有一本書我一直很建議在人生中途站尋找方向的人讀讀，就是前面章節已提過的史提芬柯維(Stephen Covey)的《與成功有約：高效能人士的七個習慣》，也是我在三十年前讀過，改變了我整個思維典範的經典著作。如今出了三十周年全新增訂版，我重讀之，發覺當中很多精警的提點，都是很實用且一語中的。

柯維鼓勵讀者要正向積極，其中一項行動就是寫下個人能實踐的「肯定句」。他說：「好的肯定句有五個基本元素：個人化、正向、針對當下、可視覺化、充滿情感」。

嘗試套用他的原則，我寫了這句：「我（個人）感到非常開心（情感），因為今天（當下）把幾位關心香港教育制度的好朋友連結一起，大家想想可以出版一些正向的（正向行動）童話繪本，讓親子共讀，孩子的心靈從小就撒下正向積極的種子（視覺化想像親子共讀的時刻）。」

D，我知道你一定會說：「我們那套過時的了，心中的火好像熄掉了……」

真正的過時是我們停滯不前，不願意追上時代。兩年前我跟老公開始做網上直播，當時我們連怎樣做直播都不懂，家中的 Wi-Fi 如蝸牛般慢吞吞又不穩定，第一次直播還把鏡頭倒轉，後來還是一一克服過來，如今已做了一百多集。

D，你比我們年輕，頭腦靈活，手腳又快，你一定追得上時代的步伐。千萬別聽旁人說三道四，備受困擾，以致對自己自信心全失。那些不該聽的話包括：

- 你就是這樣的一個人，不可能改變！
- 不會有人欣賞你的
- 你很無用/無能/無助等等
- 你已經無能為力

若讓這些話掌控思維，我們只會變得愈來愈消極，自怨自艾，固步自封。

D，還記得剛認識你的時候，你心中的火比我更灼熱，對未來的夢想比我更堅持。雖然在工作上受了委屈，但我仍隱隱聽得出你還想在未來有一番作為。

D，知道你跟我一樣，都是重情重義之人，面對一位本來賞識但後來將你棄若敝屣的老闆難以釋懷。這點我完全明白，只能說昔日他器重與賞識你是真心的，如今被形勢及經濟壓力所迫，也許是他在無可奈何下的決定。但從另一個角度看，你呆在那兒這樣長的時間，已是公司的「老油條」，甚麼都習以為常，沒有新意。現在被迫創業或跳槽，未嘗不是一件好事啊！

親愛的D，請盡快離開那個不快樂、不被欣賞的「不舒適圈」吧！外面的世界很大，需求也大，只要是有心人，總會找到屬於你的空間。我現在想到好幾位同道中人，可以跟你「吹吹水」，想想未來合作的可能。

等著你回音啊！

非專家的小建議

山重水複疑無路，柳暗花明又一村。這句話是我人生的其中一面寫照，也是一個根深蒂固的信念。

被迫離職固然難受，會把我們踢出過去的安樂圈，但我們還是要大膽踏出一步。可以做的事包括：找同路人，就是那些跟自己際遇相似卻找到出路的人。又或者安靜寫下個人的宣言信念，看看身邊有誰跟自己意念相通，約對方出來聊聊，說不定會激發一些新的點子啊！

26

要向懂得華麗轉身、無怨無悔的你，
多多學習。

記得那些年，認識你的弟弟，談吐溫文，一表人才。跟我見過幾次面之後，他就說：

「你一定得認識我的姊姊，你跟她一定談得來。」

這個男人的直覺，不知怎的，我信。一直就央他介紹姊姊讓我認識，直到那天，終於見到你了。

舉手投足散發出來的雍容華貴，落落大方的言談舉止，當然還有那一身高雅的打扮，豈是庸俗的名牌所能比擬。

「你好！久仰了！」

「我也是。」

就是這樣客客氣氣的，開始我們的交往。

那些年，你正遭逢人生的浩劫，正猶疑是否該從婚姻的火坑中跳出來。看見你卡在被丈夫背叛的負面情緒裡，一直想尋求復合的可能，就像很多被困在婚外情這關卡的女性一樣，總是希望浪子回頭，或期待丈夫給一個合理的解釋，甚至道個歉，你便死心。怎知那個男人去如黃鶴，二話不說就搬到情婦家住，電話也不接，讓你急得如熱鍋上的螞蟻。

最後，也如你所料，收到的是一紙離婚協議書，那個無情的男人更寫了一張紙條，要求你簽名，說這樣是「好聚好散，免得彼此拖累」，你更為了他，哭得死去活來。

記得那陣子你常問我：「為甚麼他不念二十年的舊情，說變就變？」我不懂回答。

「人要變就變，根本沒甚麼原因的！」

可幸的是，他的無情並沒有把你打倒。那天，你約我喝下午茶，呷著你最愛喝的英國皇后茶，說話的口吻就像皇后般莊重自信：「沒有他的日子，我照樣可以活得好好的，更會盡力帶大兒子，不讓他感覺有缺欠。」

結果，你真的從那個幽谷中，再站起來。一邊照顧孩子，一邊發展你的公司。幾年下來，已漸漸成果，分店還愈開愈多，產品也在市面薄有名氣。

某年，你還邀請我參加你公司的新年晚會。席間，見到你跟他在對唱。拿著咪的你倆，郎才女貌，十分登對。看你含情脈脈看著對方，就知道你沐浴在愛河中，找到了一位英明神武的真命天子。

「如果我再婚，你願意參加我的婚禮，送上祝福嗎？」

「怎會這樣問？」

「因我怕你的信仰不允許這樣做啊！」

老友，坦白說，我沒有這樣的包袱。

眼巴巴看著你怎樣被前夫拋棄，如今見到你找到人生的歸宿，哪能不到賀，跟你同樂！那簡單而隆重的婚禮，你請的都是摯友，我跟外子何其有幸能參與其中，為你倆送上祝福。

看著你的業務蒸蒸日上，生意愈做愈大，滿以為你會一直擴展下去，甚至打進國際市場。沒想到，你卻告訴我：「準備退休啦！現在學國畫去！」

甚麼？在人生的最高峰，選擇退下？沒聽錯吧！

「是我的決定。往後的日子，會把生意交給信得過的下屬打理，有空便跟老公遊山玩水去。」

果然講得出，做得到。在臉書上看見你們這對璧人，一會兒去了歐洲，一會兒去九寨溝，放在臉書上的照片，張張都充滿藝術感，可以用來做明信片。每趟旅程，見到的是你相識滿天下，到處都有朋友招呼，吃的盡是人間美食。

直到那年，我遭遇人生的一個大打擊。你聽罷，沒多久已約我吃飯。席間，給了我很多意見。那時我已感覺奇怪，你怎麼可能對這些拆夥分家的事情，瞭如指掌。

「因為我也經歷過被人出賣，甚至帶著我的客戶另立門戶。」

難怪。

人生就是這樣，經歷多些磨難，就會學多點忍耐。經歷一些背叛，就會變得聰明一點。

「不過最重要的，是學習無怨無悔，來個華麗轉身啊，老友！」那天在我的辦公室，你興奮地告訴我，剛跟老公上了幾堂舞蹈課，學會了華爾滋。更即席示範了「華麗轉身」，那舞姿美極了！

是的，過往發生過的事，就要拋諸腦後，置諸不管。重要的是往前看，朝著夢想走。接著聽到的，是你學華爾滋後，然後就去學陶瓷，跟著進大學念工商管理，認識了一大群年輕人，還跟他們成了好友。

你在友儕間的凝聚力很強，經常一個電話邀約，總是一呼百應。是我們心目中發號施令的真正大家姐，也是我欽佩的女中豪傑。

還記得當我們的城市陷在疫情的水深火熱之中，你念念不忘那些基層市民的需要，想到要集合大家的力量派飯送口罩，甘冒感染的風險。

你常說，昔日失婚的挫敗是個開始，讓你深切體會甚麼是真正的「拿得起，放得下」。更重要的是找到面前的新目標與方向，讓你能對過去來個華麗轉身，瀟灑告別。

是啊！像那年你特地跑去外國學服裝顏色配搭，還拿了一個色盤到我的辦公室，告訴我哪幾種顏色可以一起穿，哪幾種最配合我的體型皮膚。更有趣的是知道那深啡色像囚衣顏色的裙子，我萬萬不能穿……

老友，你真的甚麼都懂，就像一本百科辭典。**最重要的，是你常保持著對萬事萬物的好奇，及永不言倦的學習心態**。難怪近日見你，愈看愈年輕，原來，這強烈的好奇與學習心，還有那招華麗轉身，就是你能凍齡不老的良方。

非專家的小建議

在我們身邊，有不少像我的老友這般勤於學習、不甘被過去俘虜的智者。一定要抓住他們，久不久就約他們吃個飯，取取經，不要讓他們輕易在我們身邊溜走啊！

我會把這些好友列了一個表，大概一兩個月會跟對方碰一次面。其實吃甚麼只是其次，在交談中聽到的真人真事，睿智見識，才是最重要的「主菜」。

27

為何處處遇見你，難道
這就是緣分。

認識你，才真正明白，緣分這東西，實在奇妙。

本來，我們來自風馬牛不相及的兩個世界。論年紀，我跟你爸爸是同輩，你算是我的晚輩。

說起晚輩，讓我想起多少年前，身邊出現了一位年輕人。「前輩前」、「前輩後」必恭必敬地喊，親熱得很。每隔幾個月總會找我吃一頓飯，天南地北，無所不談。到某一天，因一個小小的誤會，她絕塵而去。多番接觸嘗試挽回，還是音訊全無。那時就跟自己說，可能年紀大了，不再隨便交朋友了。

沒想到，若干年後，卻在辦公室旁，在街角，甚至遛狗的時候，都遇上了你。

起初碰上，點頭微笑，打個招呼，各走各路。更從沒想到，在一個會議上，你竟坐在我旁邊，成了我「隔鄰位置的同學」。

久而久之，我們相約吃飯，聊天，談夢想，說家庭。不知怎的，就找到了一些共同點。有天，聽到你用「師傅」稱呼我，著實有點喜出望外。

能有你這樣一位出色的徒弟，我實在榮幸。往後的日子，我們的討論也更深入，談到心坎處，見到彼此的熱淚盈眶。在我來看，是見到彼此的真性情。而我們的分享，也往往超越年齡背景的限制，每一趟與你見面，都是帶著滿滿的期待，至滿滿的共鳴才離開。

謝謝你稱我為師傅，對我來說「師傅」這個尊稱，是仍需要學習琢磨的。記得多年前我讀過一位德國著名的「生命力領導」專家古倫（Anselm Grün）神父的作品——《領導就是喚醒生命》。這本書對我個人影響至深，提及領導的十個人格特質，更是我一直追求的素養：

1. 經驗豐富
2. 成熟的人格
3. 淡泊簡樸
4. 謙卑
5. 不激動
6. 公正
7. 具有決斷力
8. 節儉
9. 敬畏上帝
10. 像個父親

曾經有過好一段時間，很怕別人以「生命師傅」來稱呼我。因為深感自己的人生顛簸不平，碰上挫敗時也會淚流滿臉，甚至情緒失控。有告訴過你有一次面對人生的幽谷，我容許自己狂哭了好幾個小時，不能遏止嗎？正正是這些經歷，深感自己不配當師傅。直至看到古倫神父說真正的謙卑，是要誠實地面對自己的黑暗，不要壓抑，是一種「展現身為一個『人』的勇氣，去面對自己的人性和自然本性」。

讀到這句，我心安然了。

記得我們常常談論，甚麼是真正的成熟嗎？在你身上，看見「沉著冷靜，臨危不亂」，更常常關心身邊同事的情緒，不容易被身邊的事物擾亂心思，這些特質都正正是古倫神父對「成熟」的理解，也是你素來待人處事的方式。

還記得我們起初是怎樣聯繫的嗎？就是收到你工作機構的邀請，去分享我個人面對逆境的體會。實不相瞞，當時對你的機構毫無認識，打動我心的是一位老闆居然可以這樣為一些面對悲傷的同事設想，多忙我也答應。就是這樣，我跟你的機構連上了線，最後收到你誠懇的謝函，自此，就開始了我們的交往。

親愛的，記得每一次午餐，我們都討論領導者需要怎樣的自省，這也是我關注的。以下是一讀再讀古倫神父的書，引發出來的反思問題：

・我們每天所注重的，是引發機構同事彼此的同心合意，還是讓他們在充滿競爭壓力下，製造更多的嫉妒和恐懼？

・我們每天所做的決定，有否被某種情緒牽引，還是深思熟慮下才做的？

・我們有否誠實面對內心的陰影，如原生家庭對我們的傷害，讓自己的心靈得到更新？

・我們要求各同事做的，我們也做得到嗎？還是「講一套做一套」？

- **我們所要求的事情，是否只顧及效率和結果，而忽略人的心靈需要？**
- **我們所做的事，是否對周遭的群體散發著正能量？**
- **我們所做的決定，是否對男性與女性都同等重視，還是偏頗？**

以上這些問題，都是我常反思自問的。

美國前哥倫比亞大學校長巴特勒（Nicholas Murray Butler）曾說過：「世界上有三種人——不知道有甚麼事情發生的、看著事情發生的、和使事情發生的。」而真正的領導者，就是那位「使事情發生的人」，而不是墨守成規，坐著等待事情發生的。我深深相信，領導是一個「動詞」，說了就做，做了就堅持去做，並呼籲更多同道中人與我們同行。是嗎？

一直覺得，領導單憑「個人魅力」吸引群眾的時代已經過去，現在是「群策群力，同心同行」的年代。深深盼望，可以把身邊有善心、有才華、有能力、有財力的人連結一起，也是我一直默默在做的。

謝謝你對我的信任支持，因著你，我們變成「更廣闊的我們」，一個跟一個網絡扣連，讓這個「有心人」的網絡愈來愈大。喜見我的朋友成了你的朋友，你的朋友也成了我的朋友，多開心！

我相信物以類聚，相同理念的人，總有一種吸引力，然後就會「埋堆」。志趣不同的，溝通一下就聞到某種香味的了，哈哈！

再過兩個星期，我們又見面了。一定有談不完的話題，訴不盡的心事。期待見面分享啊！

非專家的小建議

聽過人說「不要亂當別人的師傅」。以前，我也這樣相信，但經過這些年日，如生命中遇上真誠可信，並滿有潛質的晚輩，我是絕不放過的。別以為當師傅是我們在教導別人待人處事，當我們的年紀逐漸與時代脫節，跟年輕人約會見面，其實我們得著更多。

年輕的你，讀到這篇有否想起生命中碰到的哪位前輩，讓你印象深刻，可以試試找他見個面，甚至拜他為師的？

跟我這般年齡的你，如果讀到這篇有否讓你想起哪位值得栽培的年輕人？如果有，別遲疑，找他吧！可能造就的，是一生的情誼。

Part 5

治療自己，
放下一切煩擾不再勉強，
因為人生總有遺憾

28

老友記，能跟你成為老友，更讓我深信友情是沒分信仰疆界的。

一頓飯，就認識了一位老友。這是我從沒想過的。

那是一個商務的飯局，請我吃飯的，大概是你的餐廳的常客。

「來這家店吧！他們的菜不放味精，很新鮮好吃的！」聽到這樣的描述，當然趨之若鶩。

那頓飯，吃得很寫意，也很回味。叫的菜式都是店中有名的，如燒焗西班牙豬脉頭煎蛋飯、芭樂帶子餃，還有煎釀虎皮尖椒，吃來是津津有味，吃罷也不會「口乾」。

吃了一陣子，就見到你走過來招呼客人，更讓我詫異的，是你對食材的知識廣博與堅持。還記得你在餐廳入口處，擺放了一整櫃的有機健康食品，當時我還買了一包「健康米」回家呢！

本來，一頓飯過後，就該跟主人說再見，各散東西。但看看錶，還有一個多小時才到下一個約會，就厚著臉皮問你，可否讓我「多坐一會」，就是這「一會兒」，造就了我們日後的情誼。

我們怎樣開始交談，談些甚麼，已淡忘了。腦海中只是浮現你坐下來，我倆侃侃而談的畫面。談的主題，可能是特殊教育，以及談食肆的觀察吧，總之一個感覺：志同道合，十分投契。

我們唯一的不同是：宗教信仰。

當你知道我是一位師母時，有點詫異。

「你會跟不同信仰的人做朋友嗎？我信佛的啊！」

「當然會，我交朋友素來是無疆界的。」

往後，我們更安排多次見面，才曉得你是一名商界女強人。除了餐廳之外，還有其他林林總總的生意。但讓我們更投契的，是大家都是「好玩」之徒，愛談玩耍的趣味。

記得有天，你說有一個遊樂天地，要帶我去見識一下嗎？我騰了一整個下午，跟你去玩去癲。還記得：我們躺在水床上扮「睡覺」、拿著塑膠劍扮勇士對打、一起走進深海樂園跟那些海馬海豚對談（雖然明知道是假的），把埋在心間久沒喚醒的「童真」都通通呼喚回來。

老友，如果要給你另一個稱呼，就是「最佳玩伴」。雖然我們都年過半百，但一談到玩，就會滔滔不絕，不亦樂乎。是嗎？

我相信，每個人的心中，都藏著一個「頑童」。孩子的時候，這個頑童很活躍，讓我們放膽去嘗試冒險，但人愈長大，愈會把這個「頑童」藏在心底，不敢也不想玩了。到成為人母，更覺得「玩」是浪費時間與精力。

但遇上你，讓我重拾「玩」的信念。玩耍，可以提升興趣，引發孩子（甚至成人）的好奇，更重要的，是為枯燥的生活帶來歡樂與色彩。每次跟你見面，我們總有談不完的「玩」題，嘻嘻哈哈的，又過了一個晚上。

最近，我更招徠另一位「玩伴」，我們仨會早上喝喝咖啡，談談有關「玩」的夢想。誰說夢想只屬於年輕人？我深深相信，只要心中有火，對未來充滿憧憬與熱情，任何年齡的人都可以追求夢想，並致力實踐，讓夢想成真。

只是這陣子，見到你忙這忙那，頻撲奔波，心中暗暗為你擔憂。那天收到你住院的消息，不知怎的，我的心隱隱作痛，你知道嗎？

「你啊，要小心身體，別再這樣忙碌了！」幾乎是每次跟你話別時，你都對我這樣叮嚀。老友，這回輪到我說同樣的話了。知道你血壓高，身體不適，最近還摔了跤，我很替你心焦。

雖然在我人生的人際關係這一環，碰了很多壁，得到不少「深刻」的教訓。但我深深覺得上主是公平的，**雖然有過一些「見利忘義」的關係，讓我很不爽，但卻交上你這樣一位「仗義助人」的朋友，是我莫大的榮幸。**

還記得那年書展，生意很差。我將實情轉告，萬沒想到的是，當時扭傷了腳「拗柴」的你，一拐一拐地抱著大玩具熊來，要送給我當書展的展覽禮物。自從書攤放了玩具熊後，來看書的家長跟孩子都多了，生意也好起來。及後，把大啡熊帶回家，竟成了乖孫最佳的傾訴對象。每逢週末，他到我家玩耍的時候，必選項目就是請大啡熊Steve（他改的名字）到婆婆房，跟他談心事，說說一個星期的見聞。

老友，你可能沒想過，你的出現讓我心中滿載感恩。

其實，我們倆來自不同的圈子，平常根本沒有交集。若不是那頓午餐，那次交談，我們根本不可能做得成朋友。

一切，都是緣分。**一切，都是冥冥中自有安排**。

老友，你要多多保重，別太勞累，記得要睡得好，每天最好走八千步，如果可以，做做拉筋或伸展的活動，讓身心得著舒展。

你說要帶我去德國看玩具展，這句話我一直藏在心中。腦海中，早已浮現這樣的畫面：我們在那些巨大的公仔模型中穿插玩捉迷藏，用毛公仔來對話，坐上展覽的玩具火車繞全場一圈，跟玩具機械人玩耍聊天……深深期待這樣的一天。所以，我們更加要保重身體，保護自己，不能再有絲毫損傷啊，是嗎？

非專家的小建議

朋友之中，我很喜歡的一類叫「玩伴」，就是玩得來的朋友。這類朋友從小到大我都不缺，童年時是玩「點指兵兵」的，青少年時是「打保齡球」的，成年時是玩「桌上遊戲」的，至中年以後交的「玩伴」，卻是因當了婆婆而愛上了很多童玩童戲。

這些「玩伴」因為貪玩，很容易隨傳隨到，玩耍一輪之後，既能減壓，也讓我們身心愉快。快快找一兩個，湊成「四個」，最好！

29

面對曖昧不一定要妥協屈就，你需要的是正面迎擊的勇氣。

A，高興見到你，也終於聽到你願意離開他，不再被曖昧無名無分的關係糾纏。

多少年了，眼巴巴看著你被他牽著走，跌跌碰碰，在感情路上，傷痕累累。我也始終不明白，純真如你，為甚麼會愛上這樣一個浪跡天涯、充滿野性的他？難道真如某些心理學者所說，每一個乖巧孩子的內心，都藏著一種對狂野的嚮往。

還記得你第一次帶他來見我，心底的直覺是：這個男人靠不住，千萬別靠近。但偏偏他的沉默寡言，對過去三緘其口，成了對你的吸引。

「你不覺得他對過去絕口不提，有點奇怪嗎？」

「他說要忘記過去向前看，這種態度不是挺好嗎？」但過去跟原生家庭父母的關係，過去的情史（到底交過多少個女友），你卻是一無所知。然而，他對你的家底跟過去，卻是瞭如指掌，因為傻兮兮的你，總是想也不想就和盤托出，一點也不保留。

不過，最讓我氣結的是，他不尊重你。坦白點說，就是「呼之則來，揮之則去」。工作忙碌的日子，他連電話也沒一個，WhatsApp 更是「已讀不回」或索性「不讀不回」，讓你苦候。到你忍受不住了，他又會出現，帶你去聽音樂會，看電影，吃你最愛吃的日本菜。心軟的你，雖然事前講得多決絕，說甚麼「無論他怎樣逗我開心，也不會回頭」，怎知一束花一頓燭光晚餐，你又會一頭栽進去，把他的「不好」置諸腦後。

沒多久，工作忙透了，他又把你的存在忘得一乾二淨。還記得那次，你拼命打電話找他，怎知他原來去了外地公幹，也不知會你。

今天，你約了我跟E晚餐，聽到你斬釘截鐵地說：「我要跟他分手，很想擺脫這個人生下半場的負累。」我們當場拍掌為你歡呼。好極了，已經糾纏了這麼多年，是時候做一個了結。

正當我們舉杯為你慶祝的當下，你卻突然冒出一句：「其實，我們是名義上不再稱呼彼此為男女朋友，但他仍保持一天給我一個電話，我們還會上街看電影、吃晚餐的。」

天啊！這算是甚麼關係？是愛人、朋友，或是覺得是愛人其實是朋友，覺得是朋友其實是愛人，我都搞糊塗了。

「如果不想赴約，你會拒絕他嗎？」

你只是低著頭，沒有回應。

A，我不能老是怪你，其實過去的我，也是這樣一個不懂拒絕，甚至面對貶抑不懂回話、不曉得怎樣保護自己的人。

身邊的朋友，不少也跟我們一樣，心存良善，總覺得「不好意思拒絕別人的請求」，正因如此，有的被同事佔盡便宜，有的被朋友不斷予取予求，得寸進尺，也有被老闆痛斥不公對待不敢吭聲的。究其不敢回嘴的原因，不外乎怕得罪人，怕拒絕之後對方就不會再跟我們為友，如果對方是我們在乎的人，就更怕因此傷了對方的心，又或者覺得這樣硬嘴跟本身形象不符，是嗎？

說穿了，就是我們都怕人際衝突，總愛選擇避之則吉。但真的有效嗎？還是會把我們拖進死胡同去？

你知我是愛書之人，碰到解決不來的問題，就去找一本書來讀讀。最近讀到國際知名溝通顧問芭芭拉派崔特（Barbara Pachter）的《正面迎擊的力量：不隱忍、不尷尬又不失禮的溝通技巧》（*The Power of Positive Confrontation: The Skills You Need to Handle Conflicts at Work, at Home, Online, and in Life*）一書，教了我「WAC」三招，創造出自己的正面迎擊對話。

W是「甚麼」（WHAT）：即困擾你們溝通的實際情況是甚麼？

A是「要求」（ASK）：你想要對方做甚麼或改變甚麼，請具體說明。

C是「確認」（CHECK IN）：就是向對方提出要求後，確認對方的想法是否我們所描述的。

就拿你跟他的約會來講吧，你可能需要：

「我很難答應你去看電影，因為每次你都約得很趕急，我需要時間安排的啊！」（W）

「如果你真的有誠意讓我們重新開始，不如開心見誠談談彼此的關係與未來，看看大家可以怎樣相處吧！」（A）

「你覺得這樣做可以嗎？有甚麼不同的建議？」（C）

你可能猶疑這樣揭穿對方的底牌，是否合宜？但眼巴巴看著你跟他如此拖拉下去，更不是辦法。

如果他真的愛你，該明明白白告訴你，甚至許下一生一世的承諾，而不是讓你覺得自己可有可無，只是他情感的後備（或永備）對象。

如果他真的愛你，不會只是你單方面的關懷問候，但他卻從不表達。所謂愛屋及烏，他有關心過你的家人朋友嗎？像我們跟你這樣老友，他「識做」的話，多忙也會抽時間出來跟我們見個面，打好關係嘛。但這幾年，我們連影兒都沒見過，這算是哪門子的「男朋友」？

A，抱歉！知道我的直言，可能會讓你為難。但每一次見你被他死纏爛追，心意回轉，又見到你被他的冷漠傷害，面容憔悴，我們實在不忍心。

你的年紀不小了，也沒剩下多少青春歲月被他虛耗。何不跟他來個「大攤牌」，把彼此的關係說個清楚明白，彼此是戀人會步上紅毯，還是覺得彼此不合做回普通朋友，總得有個說法吧！

就讓我們約定，哪天你會跟他說清楚，我們仨就在那天晚上為你舉杯慶祝，順道帶你去我老友開的德國私房菜館豪吃一頓吧！

非專家的小建議

人活得愈久，囤積的除了物質以外，也囤積了不少人際關係。特別是那些欲斷難斷，難捨難離，但又深深覺得對個人心靈有損無益的，該是時候揮慧劍，斷情絲了。如果覺得難以取捨，就找一個好友跟你同去壯壯膽吧，不要一拖再拖，讓自己深陷感情的泥沼。

30

被誤會的感情會讓人難受，
但我們還是熬過去了。

這天，新聞中看到兩個女生雙雙結束了自己的生命，心有戚戚焉！她們為何會這樣做？她們的父母一定很難過，身邊的同學又會怎樣想……

回憶，不知怎的又飄返那些年，我倆相識的日子。

記得第一次遇見你，V，在街上。你圓圓的臉龐，明眸皓齒，笑起來有個小酒窩，讓人一見就覺得可愛極了。見你牽著小狗，我立刻上前逗小狗玩，就是這樣跟你認識了。原來，你住得很近，是我的鄰居。

那些年，我們十五六歲，很容易就談得來。因為談的主題都離不開：父母、學校、對戀愛及友情的憧憬，我們兩個不消見幾次面，已經熟絡得很。

如果記憶無誤，中三那年下課後，幾乎每天不是往我家去，就是往你家跑。一起做功課，一起談笑，還有在房間偷偷打電話給當時的「男朋友」。每逢有約會，我就會跟媽媽說約了你，你也「照辦煮碗」，其實是跑去會男友。還記得嗎？

怎曉得有一天，媽媽突然跑進我房間，說：「你以後不能跟V見面，我不准你們交往，你們的關係不正常！」媽是個嚴母，還記得她不准我看愛情電影，怕沾染了那些外國片子裡放任的愛情觀。對我的人際交往也管教嚴謹，沒有絲毫商量的餘地。

於是，我們沒再見面了。但卻阻止不了我倆的交往，還記得在我們家中間的那塊石頭嗎？一有空，我就寫信給你，把信放在那塊石頭下壓著的膠袋。而你有空也回信，我們就是靠著這些「密函」，互訴心曲。**慶幸的是我們不會讓父母的禁止成為「停止交往」的理由，「陽奉陰違」是我的應對良策，「你有張良計，我有過牆梯」是你的建議。**就是這樣，我們仍然緊密聯繫與見面。

是的，見面，在你家的天臺「幽會」。還記得我特意早起，跑到你家的天臺，跟你見面（即使十五分鐘也好）。那些年跟你的情誼，「黏得像糖黐豆」，形影不離。

還記得彼此分享對異性的品評與愛慕嗎？哈哈，我們兩個傻女孩就是看著愛情片，想著心中的白馬王子，忘記了唸書考試，這樣混混噩噩過了一個暑假。

最後，我離開香港到異鄉求學，這段情誼才中斷。及後，我也嘗試打聽過你的消息，知道你感情路上很崎嶇，但可惜沒能聯絡上。直至這些年，多謝神通廣大的社交媒體，我試著在網上搜尋你的名字，結果找到了。

你還依然可愛動人，身形完全沒變，還愛上潛水。最後，你回了我的短訊，我們還見了面，侃侃而談彼此的過去。你也從一個天真無邪的小女孩，變成今日掌管一所管理公司的大老闆，更煮得一手好菜。

V，能夠與你重遇，並且再聯繫，我心底是開心與感恩的。回想那些日子，我們的友誼也經歷過不少攔阻挫敗，不被父母看好，至最後大家逐漸疏遠，是因地域的阻隔與失去聯絡。坦白說，當時母親的阻撓，反而讓我們的友誼更穩固，也沒有因她的評價而失去對彼此的信任與愛顧。

話雖然這樣說，到我的女兒在成長階段，同樣的情況也發生在她身上。因為自己試過被母親出手攔阻我的交友，所以對自己的孩子也額外寬容，生怕她步我「陽奉陰違」的後塵。

你猜我最終用了甚麼方式？就是跟她來個「大攤牌」。把自己的所謂「好朋友」一一列表，請她逐個品評，然後她也回贈我一張表，替她的好友打分數。沒想到孩子對我的「朋友」很有看法，甚至直言相諫：「媽，這個朋友不值得深交，要小心！」最後證明她的眼光「雪亮」，很具洞見。

我也直言不諱跟她講：「你這個朋友常纏繞著你，而且思想很負面，還是保持距離好些。」沒想到幾年後，她也真的沒再跟對方來往了。

V，如今回想，那時年少輕狂的歲月，也有很多不成熟的地方。如果當時我們對彼此的父母多些尊敬，多些交談，不用一見面就鎖起房門不讓他們內進，會否讓他們少些猜疑？又或者，我們讓彼此的媽媽也交上朋友，她們便會更放心我們來往……

只是，當我們再見面時，提到這些前塵往事，都沒有責怪上一代，因為我們經歷的滄桑歲月，讓我們深深明白上一代會這樣「出口攔截」，只因為「愛」，只是他們對愛的「表達方式」跟我們期待的不一樣。

現在回看這兩位選擇結束生命的學生，我更是滿腔感慨。

如果有機會見到類似的故事，可以跟她們說：「你們走過的路，我也走過，父母也是一時著緊才會這樣，任何事情『總有出路』的啊！」

如果有機會碰見這些父母，我會跟他們說：「與其大力阻止她們的關係，不如想想怎樣培養自己跟孩子的感情，成為她的好朋友跟智囊團，好嗎？」

V，雖然今日的我倆，已不復過往的「親密」，但卻有一種不能捨割的默契，知道就算彼此在天涯海角，仍然是可以好好深交。即使過去的日子有好大段的留白，那又如何！看著你那些潛水的照片，就暗暗為你拍掌歡呼。看看何時有空，去你的海角見個面吧！

非專家的小建議

每個人總有一兩個童年好友，最後可能因為搬家或留學，彼此失去聯繫。不如今日請社交媒體幫個忙，試試尋找他們的臉書或面孔，看看是否仍有其人，若找到的話，不妨給對方一個訊息，看看對方怎樣回應？

記得，是因為他仍看重彼此的情誼。

不回應嘛，也沒甚麼大不了的，是嗎？

這些年頭，多一個朋友總比少一個好啊！

31

認識你才明白哀傷可以這樣漫長，人生原來總有遺憾。

Y，從友儕口中聽到你孩子離開的消息，不知怎的，我竟在暗自流淚。當時，我正身在海外。

也許，友人是你的知交，所以對你很著緊。一直問我，可以怎樣安慰你？有甚麼書籍可以介紹？可否安排我們倆見個面，因為她知道我陪伴過不同的人走過悲傷之路。

往後幾天，我一直在想，有可能跟你相遇嗎？朋友想約你我見面，但我們彼此並不認識，你在哀傷中會否願意見見我這個陌生人……種種的疑慮，都讓我躊躇不前，不敢多想。

直至回港，竟然在一個工作場合跟你遇上，能不相信這世上有一種安排叫「冥冥之中」嗎？

Y，當時你被安排坐在我旁邊。我也佩服你能從「喪子之痛」走出來，好像很快就能投入工作。

「我是羅乃萱，也是XX的好朋友，她有告訴我你的故事！」見面沒多久，還記得我這樣介紹自己嗎？

「是啊！真好！」你輕輕地回應。但從你的眼神看得出，你對我是親切的，沒有防備的。

那天工作結束，我們交換了電話。友人知悉後，一直催我約你出來談談，我也鼓起勇氣約了，你並沒有推我。

那個下午見面，我問自己「可以跟你談甚麼？」可以觸碰你的痛處嗎？

見到你翩然而至，一身優雅的打扮，微笑中仍隱隱窺見眼眸中的絲絲哀愁。我決定不轉彎抹角，有機會便單刀直入。

寒暄幾句後，我已進入正題：「自從好友告訴我你孩子去世的消息，我就天天想起你，為你禱告。你……還好嗎？」就是這樣一問，你竟然毫無保留把事件的來龍去脈——孩子怎樣從被同學排斥至最後患上憂鬱症，到選擇自我了斷的經過，都一五一十道來。

還記得你問：「哀傷的過程會有多長？」我真的不知道。記得過往曾陪伴一位意外喪夫的妻子，走過了超過十年的哀傷路，真的不敢亂猜有多漫長。

「我是一個愛閱讀的人，有甚麼書可以幫助我走過哀傷這難關？」我立刻想起這些年一讀再讀的這本好書——《擁抱B選項》（*Option B: Facing Adversity, Building Resilience, and Finding Joy*），乃是臉書營運長桑德伯格（Sheryl Sandberg）喪夫後兩年以來的心路歷程。

桑德伯格因為在跟先生度假途中，對方不幸離世，讓一直走在人生勝利組的桑德伯格，陷入徬徨無助的境況。她口中的「B選項」就是當人生無法如願活出「A選項」時，就要學習接納「次選」。拜讀這本書的時候，喪母之痛已經離我很遠，失去摯友的哀傷也過了好幾年，但心中那根哀傷的刺隱隱猶在，所以讀後仍有共鳴。

讀後才明白，誠如桑德伯格所言：「死亡會結束一個人的生命，不過彼此之間的關係仍然存在。」不錯，所愛的人雖早遠去，但彼此度過的時光、說過的對話，仍會在舊地重遊、重見舊相好時，浮現出來，不會忘記！不過這些「失去摯愛」的經歷，卻成為我們與哀傷的人交往的一根紅線，將你我的心連結。

哀傷的人最明白的一句話是：「每逢佳節倍思親。」看到你每逢過時過節，總是在字裡行間呈現無盡的思念，想起跟孩子騎單車，齊齊坐在海邊看日落。我又何嘗不是！雖然媽媽離開二十幾年，我仍會在夢中見到她，仍會踏步中環雪廠街，往日到辦公室探望她的情景，依然縈繞心間。

自此，哀傷這課題成了我們往後分享的主題，也觸碰埋藏在哀傷背後的一些遺憾。

「若果早知道，一定會花時間多陪他！」

「為甚麼沒想到他的這些表現是有問題……」

對我來說，往往想起當時「是否做錯了決定，讓媽媽進了那所設備較落後的醫院，失救致死……」

有時，談到這些避免不了的失誤失職，大家都會潸然淚下，互遞紙巾。也是在這瞬間，心靈得著釋放，眼淚帶來了療癒。

認識你久了，知道你是一個很有計劃的人，凡事都能未雨綢繆，辦得妥妥當當。但孩子的猝然離世卻讓你發覺，**原來人生有一種選擇叫「別無選擇」，是由不得我。這就是死亡帶來的殘酷真相**。

從一次又一次的心靈剖白，我們開始摸索到悲傷的面貌。

原來，悲傷不是一個有待解決的問題。當我們愈想找答案，愈找不著。因為我們難以接受任何一個奪走所愛的理由（即使聽來有多充分），如「她太不愛惜身子所以生病」、「他太悲觀最後抑鬱自殺」等等。理由很簡單，人都走了，還去批評他的為人處事有甚麼用？難道知道了就能叫他起死回生嗎？

悲傷，也是一個需要在夜闌人靜的時候，獨自面對的過程。不錯，當人陷溺於悲傷之中，是最需要愛與支持，卻往往感覺「無人明白」，也不想向周遭的人說個清楚。說到底，因為我們有時也不知道怎樣形容自己的心情與感受。

悲傷的可怕，是有些時候，它會來個突襲，甚至將我們推進那黑不見底的深淵。就像這天，偶然在街上碰到久違的她，面容憔悴，瘦了一大圈似的，忍不住問她：「怎麼瘦了？」

「我爸過身了！」說罷，一個轉身離開，很想抓住她的手多問候幾句也來不及。這就是哀傷的「殺傷力」，讓本來笑容滿面的她變得愁眉苦臉，本來熱情健談的她變成沉默不語。這些狀態，我們都深深經歷過，也就生了一種憐憫，明白悲傷不能解釋，不能擺脫，只能接受，並學習與之共舞。

但Y，你的這隻「哀傷獨舞」，卻跳得比別人都合拍優雅，看你面對每天的大小事務，仍能順應著回憶帶來的思念，不疾不徐地回應、消化，慢慢地讓哀愁化成文字或畫作。

「我想關心這位好友，因為她最近喪偶。有甚麼好書可以介紹的？」那天收到你的短訊，知道你已悄然從哀傷的黑洞走出來，善用你所經歷體驗的，去安慰身邊同樣經歷著的人。

自此，我們的見面，就變成分享身邊所關顧的哀傷者，討論怎樣才是最有效的安慰說話，同行的距離該怎樣調節等等，開始組成一個小小的「哀傷同盟」。我心中的期盼是，但願這個同盟可以拓展擴張，成為一支同盟軍，外出接觸那些猝然喪失摯愛的人，陪伴他們，與他們同行。

這也是我的心願，你願意成全嗎？

非專家的小建議

哀傷是一條迂迴曲折，甚至漫長的路。身邊若有一位正陷入哀傷的朋友，鼓勵你多走一步，如幫忙照顧她的孩子，為她張羅午餐晚餐，給對方一個可以放肆地哭的肩膀等等微小的行動，都可以帶來莫大的安慰。

要明白，正在哀傷的人，不會告訴我們他需要甚麼（也許他們也不知道），也少有主動求助。

因此，讓我們（特別是曾走過悲傷的人，會懂悲哀的言語，會知道應怎樣送上貼心的關懷）行動吧，別遲疑了！

32

人生變幻無常能相聚已是感恩，
我們都要好好珍惜。

謝謝你昨晚親自烹調的美味晚餐：蟹肉豆腐、薑蔥鮑魚，還有珍珠雞、老火湯、清蒸東星斑等，讓我們一眾大快朵頤，充分滿足口腹之慾。

還記得認識你的時候，年輕貌美，裙下不少追逐之臣，但偏偏你選上的是有才華的他。你跟他的結合是真正的郎才女貌，還生了一個漂亮可愛的女兒，簡直是絕配。

印象最深的，是你在外地生完孩子，我跟老公剛巧到異地公幹，知道你的喜訊，便迫不及待去探望。那時，你好像還沒坐完月子，但看上去仍是精神奕奕，沒有絲毫「坐月子」該有的疲態。

N，那時候看著你們一家三口，本來以為這個温馨和睦的家庭必定長久幸福。沒料到幾年後，傳來你離婚的消息，因為跟你不熟也沒多問，但尊重你的選擇。

如果用友情的深淺來衡量我們的關係，剛開始的十多年，算是半生不熟。有時候，我們會在一些飯局碰面。有時候，我會在別的朋友口中知道你的近況，就是這樣的「遠距離」交往。

直至近年，聞說你再結婚了，且嫁得如意郎君。另一方面又辭去教職，進軍商界，開了好多店，更當上了自家品牌的 KOL。某天，接到一個相熟朋友的電話，說你想邀請我接受訪問，你還會親自下廚為我煮一道菜。饞嘴愛吃的我，又怎能推辭？

還記得那個下午，我們談家庭，談我跟患上嚴重情緒病的爸爸怎樣相處，談愛吃的龍蝦，談對未來的夢想。時間很快過去，感覺是意猶未盡，很想再聯繫談個痛快。

就是這樣，我們再連結了。

每一次，都是你邀請我們到你家晚膳。因為你煮的「私房菜」，還有餐桌的擺設，家中充滿藝術感的設計，媲美一流食肆。誠如當晚席間老友L所言，「你家就是最好的餐館，我們不假外求」，說的是實話。

眼見這些年的你，店舖開了一家接一家，發展的業務是一項接著一項。明明聽說疫情讓你某些店銷情黯淡，但你又想到另一條充滿商機的出路。這個晚上，看到你一包大一包小的向我們介紹新產品那雀躍的眼神，還有那副神采飛揚的興奮樣子，我們無一不被你的熱誠感染。

更難得的是親眼目睹你對上一代的孝順。看著你夾菜給爸爸媽媽的熟練手法，對雙親無微不至的關愛，是在這輩人中難得一見的。認識不少朋友，都在抱怨上一代怎樣體弱多病，常要求他們陪老人家看醫生，覺得厭煩。但眼前的你卻事母至孝，讓兩位老人家吃好住好，每星期都盡量安排兩老到你家吃飯，因為媽媽最愛吃你煮的菜。

而我，最愛就是站在鋼琴旁邊，聽你年過九十的爸爸媽媽一起彈琴唱歌，夫妻的恩愛凝望，款款情深的畫面，簡直是恩愛夫妻的最佳典範。

N，每一趟到你家吃飯，回來的路上，我都跟老公說：「看到他們兩代和睦相處，真是羨煞旁人。」也是在這樣的家庭素養與教育下，教養出像你這樣一個出色能幹的女兒：不單出得廳堂，入得廚房，對食材的研究，比誰都精通。還記得那晚我問了一句「日本豆腐」該怎挑選，你已如數家珍般跟我講解「豆腐」的種類。

不單如此，我談起任何題目，你都會想起一些人的名字。就像這天談到布造的滅菌口罩，你也娓娓道來「滅菌」的原理，隨即想到一些人名連結。你大概不知道，我也正正有這種愛將同道人連結的「怪癖」，當你一提，我的腦海就想著誰跟誰可以認識見面，誰跟誰可以合作做一些新項目了！哈哈！

而這個晚上，我們就想到幾個可以「後續」的約會，介紹你的朋友跟我的朋友認識，讓彼此的圈子愈來愈闊，大家的見面機會也增多了啊！

T，謝謝你給我一大袋的產品。誠如你所言，我會一一試用，然後把用後的「效果」如實相告。看著你一個夢想接著一個夢想的開拓，心底默默為你高興。雖然你自謙說這些都是愛做的事，如煮菜、經營健康食材、研發消毒液等等，都只是把「嗜好」、「需要」變為「事業」，這也正正是你能成功與持續發展的原因：因為天天都在做自己喜歡的事。

我更佩服的，是你面對人生的態度。**這些年雖然你的事業路上試過不少跌跌碰碰，但從沒在你口中聽過「放棄」兩個字，總是說「要試試啊」、「還有很多新的可能」、「還有很多事情可以做啊」，好像一天二十四小時也不夠用似的**。尤其在這個夢想寡少、聽到年輕人說「無夢可追」的年代，見到年過半百的你，仍孜孜不倦追尋自己的夢想，永不言棄，實在讓人感動。

T，如果你還有餘暇，可否給我一點時間，讓我安排一些正猶疑不決、不敢踏出一步的姊姊妹妹們，來聽聽你的尋夢之旅，為她們打打氣，好嗎？因為你正正是這樣一個努力不懈的人辦，讓姊妹們看見，「只要有夢想，凡事可成真」。

感謝你的出現，感激你為我們，為這個社會做的一切。期待下一次飯聚，又會聽到你另一個夢想的誕生！

非專家的小建議

對夢想的堅持，需要有些「人辦」來自我激勵。如果在我們朋友圈中，碰到這樣的人辦，起碼半年就要見一次面，讓他心中的那團火，燃亮一下我們的生命。如果找不到，就去書店找一些跟自己夢想接近的作者的書讀讀，說不定從字裡行間看到一些新夢想的點子，或一些新創見與可能。

Part 6

表達自己，
珍惜與家人相處的時光，
因為我們都敵不過時間

33

請別被那種難以釋懷的「母女情結」牽絆著，好嗎？

親愛的，打了多通電話都找不到你，後來才知道，你一直在醫院伴著媽媽，陪她走完人生的最後一里路。媽媽的內心一定很感動，甚至感觸萬分的。

認識你這樣久，每次跟我見面，談的就是那種難以釋懷的「母女情結」。媽媽生了你之後，爸爸身邊就出現了第三者，沒多久就拋棄你母女倆，靜悄悄地移民去了澳洲，自此音訊全無。所以從小，你就跟身邊的朋友說：「我是個沒有爸爸的孩子。最愛的是媽媽！」一直到我認識二十多歲的你，對我說的仍然是這句話。

媽媽含辛茹苦把你養大，為了供你上大學，每天打兩份工的辛勞，你是知道的！但媽媽對你的掌控監管，往往成了你倆起衝突的原由。你表面孝順，對媽媽的要求從不抗拒，但骨子裡卻想盡法子擺脫對她的情感牽絆。

還記得那一次，你跟媽媽吵架，鼓起勇氣離家出走，還跟我商量到哪兒可以找到一個價錢廉宜的居所，打算搬離老家。怎曉得不消幾天，你又「打回原形」，返回老家繼續跟媽媽相依為命。

你記得跟我提過那本由日本精神科醫師岡田尊司寫的《母親這種病》嗎？當你讀到作者那句：「最被廣泛認定為母親病的，就是扮演著『乖寶寶』的角色。這不僅適用於孩提時代，即使長大成人了也依然會如此。」我還以為你醒覺了，不再被迫扮演「乖寶寶」的角色。

但事實並非如此。

當媽媽哭哭啼啼地打電話跟你訴說自己的孤單寂寞，甚至說：「你就由得我孤獨終老，別管我啦！」一聽到此話，無論早前表達得多絕情，還是不顧一切奔回到她身邊。因為你覺得「她不能沒有你，你更加不能沒有她」。所以，你跟我聊天時，一提到生老病死這些話題，總是故意迴避。

迴避好，逃避也好，討厭的生老病死總會「叩門」。那天你陪媽媽看醫生，聽到醫生說：「你媽媽病了，而且是絕症。」

「我不能接受，她才六十多歲，怎麼可能？」那天晚上，接到你半夜打來的電話，哭得崩潰。

「知道你很難過，嘗試多陪陪她吧！」

結果，你辭退了工作，全心照顧媽媽。

為了她，你從對烹飪一竅不通，成為了癌症食療的專家。

為了她，你放棄了自己對繪畫的興趣，放棄了跟朋友相聚的任何機會，天天陪著她。你說，要珍惜一分一秒與她相聚的時間。

「有機會，多跟媽媽拍些美美的照片，甚至把她打扮得漂漂亮亮地拍照，留下最美麗的回憶！」心疼媽媽的你，真的拉著媽媽到一個 studio 拍下了一套唯美的母女合照。

只是，媽媽的身體卻是藥石無靈，急轉直下，對標靶藥或任何藥物都沒有反應。

「她的血糖血壓都不穩定，醫生只能開一些止痛藥給她。每天在醫院見到她，總是說自己睡不著，哀聲嘆氣，一直說『我要回家，不想死在這裡』，怎麼辦？」

這使我想起曾聽過跟摯愛道別的「四句話」，就是「對不起」、「請原諒我」、「謝謝你」、「我愛你」。

「對不起」：心中有何得罪對方的？覺得話說得話過分、對所愛的人造成傷害的……若有，就趁著對方還聽得見看得到，去跟他表達那份遲來的歉意。

「請原諒我」：認錯，更重要的是得到對方的原諒。我還記得曾勸過一位跟家人關係很僵（甚至很多糾結）的她，在母親臨終前，終於說了「對不起，請原諒我」，結果，看見媽媽在昏迷中點頭。她的感覺就是「放下心頭大石，無憾了」。

「謝謝你」：我們固然很感激父母的養育之恩，卻對那份深厚的恩情不言於表。記得我曾問過你，有否親過媽媽的臉？你的回答是甚麼？

「不要啦！我才不會無緣無故親媽的臉，會把她嚇怕的！」但今天當了婆婆的我，心底卻渴望乖孫會走過來摟摟我，甚至女兒過來抱我一下，都不會覺得尷尬突兀。不過這幾天，知道你在醫院看守著昏迷的媽媽，會情不自禁握著她的手，守在她身邊。

「是啊！趁著她還有氣息，要好好握緊她的手，因為很怕她會無聲無息地走……」說到這裡，你已在電話飲泣起來。

「**我愛你**」，這是母親跟年幼的孩子常講的話。但至年歲漸長，這些話已在我們嘴巴絕跡。「這些話太肉麻了，心照不宣嘛！」

不。

記得在媽媽生前最後的一個母親節，我特地製作了一本相簿，將每個年齡時段都選了一張跟她的合照，附上一段親筆寫的文字，盡道感激與愛顧之情，媽媽邊看邊流淚，說這是送給她「最好的母親節禮物」。誰知道，那卻是我跟她度過的最後一個母親節，但感恩的是我寫了，說了。

「但她正昏迷，聽得見嗎？」嘗試在她耳邊說說啊。說你多愛她，感激她一直對你的照顧與愛護，試試看吧！我記得友人告訴我，人即使昏迷了，彌留時，最後失去的是聽覺。

老友啊！生離死別真的不容易面對。但這記人生的重錘，卻可以把我們從營營役役的忙碌生活中，敲得醒醒的。

不阻你跟母親最後的相聚。好好珍惜，需要找個人聊天，減減壓的話，我隨時奉陪！

非專家的小建議

哀傷難過的人，不會主動說要人陪伴。但作為老友的你我，最好主動走出一步，多一句關心，多一聲問候。約對方出來喝杯咖啡，送他一本解憂的書，或陪他一起哭，都可以！

34

世界上最疼我的你走了，我便學習要好好活下去。

親愛的媽媽，不經不覺你已離開二十八年有多了。但我仍是把與你的合照放在書架上最當眼的位置，好等在思念的當下，可以再多看你一眼。

那張照片是當日我倆接受訪問，採訪的記者拍的。你的右手摟著我，左手抓緊了我的手掌，笑容溫馨。母女之間那種親密的情誼，盡顯在眉宇之間。那是一個母親節的專訪，是我們第一次也是最後一次接受訪問。

我曾說過，你的離開是「這世上最疼我的人走了」，那些年間每每提起，心中就有一種難言的刺痛。

媽媽，三個孩子之中，我算是跟你最多時間親近，也跟你脾性最相像的。首先，我愛整潔與執拾，一定是從你那兒耳濡目染而來。還記得童年的日子，你硬拉著我跟你一起整理客廳那一排排凌亂的書桌。當我把一本本黃澄澄的世界地理雜誌排得整整齊齊時，你總會豎起拇指讚好。還有，你梳妝桌上的文件夾，總是排列得有條不紊，每一個文件夾都有標籤，內裡的文件都是按著時序夾好。至於家中備用的物品，更是從不短缺。無論你的工作多繁忙，每個週六都總會到街市張羅購買週末一家聚餐的食物，跟家中雜物的補給。而我也是在那些日子裡跟著你出入，看你怎樣挑選水果雜貨，如何跟攤販打交道，學懂了一點點持家之道。

媽媽，你知道我小時候對你總是有種敬而遠之的「微」恐懼嗎？因為你的聲音洪亮，那時總誤會了你是在「罵」我。後來才知道，因為年紀大了，你的耳朵開始不靈光，甚至聽不到自己講的話，所以才會愈說愈大聲。那時最不喜歡的是你不允許我接男同學的電話，更嚴格下令說「唸書時候不能談戀愛」，雖然最終我陽奉陰違，但你並沒有因此嚴加責備。

媽媽，你從來不是個將愛掛在嘴邊、溢於言表的人。所以，你很少拉著我的手逛街，又或者在人前人後摟著我。最讓我震撼的那趟，是離家赴美唸書的前夕，你一直絮絮叨叨地叫我帶這帶那，生怕我會遺漏似的。至執拾行李完畢，你卻是一股勁把自己關進洗手間裡，久久沒有出來。後來聽到從廁間傳來陣陣的啜泣聲，當時懵懂的我「不識相」地追問：「媽咪，你哭甚麼？又跟爸爸吵架嗎？」

你默不作聲，久久沒有回應。

「媽，媽，甚麼事啊？」我急得在外敲門。

「傻女，媽媽捨不得你走啊！」沒想到你會講出這樣的話。我愣住了，不知怎回應。這一句話，猝然挪開了分隔在彼此中間那道愛的籬笆，將從不將愛掛在嘴邊的母女倆，緊緊相連。

「媽咪，我也捨不得你！」唯一能做的回應，就是跑過去，緊緊的擁著你，告訴你：無論我走得多遠，仍然是深愛著你的女兒。

媽咪，你知道我一直很欽佩你的，只是從沒表達出口。作為香港第一位股票女經紀，在那個時代是多麼了不起的一件事。本來你是一位音樂老師，對歌唱的造詣與熱愛，對教學的熱誠，同事好友皆知。只是後來命運弄人，你的聲帶生了繭，不能再執教鞭。但你從不向命運低頭，總是相信：**一個人只要願意突破自己，全力以赴地學習，一定會有出路**。也就是秉持著這股強烈的信念，加上長袖善舞的交際手腕，你能順利打進當時清一色是男人的股票交易所，風頭更是一時無兩。但你從不以此為傲，總是每天準時起床，打氣功做運動，然後回辦公室處理每天接踵而來的繁瑣事務。

偏偏在你事業的高峰，也是你最得意的日子，老爸的情緒病愈發嚴重，而且時好時壞，把你折騰得死去活來。仍清楚記得，他情緒好的日子，會帶你吃好的，買你最喜愛的洋裝，帶你去看他愛看的電影。情緒壞的日子，會半夜跑到你的床前，大喊大叫，要生要死地不停追問責難……好多次，我都是在睡夢中被你倆的爭吵聲驚醒，然後過來護著你跟老爸「對抗」。

媽媽，我記得你曾說過，常要應付爸爸突發的情緒病，很怕自己會早逝離去。那時我總是安慰你說：不會的，不會的，也壓抑自己去想「如果媽媽離我而去」的任何念頭。

只是，不想歸不想，要發生的事情就是會發生。一九九三年，家中起了三級大火，我接到鄰居的電話，驚見頭髮燒焦的你跟老爸，穿著睡衣坐在街頭，你跟我說：「最後關頭，我們都逃了出來，平安啊！」

但萬萬沒想到，半年以後，你就突然中風昏迷在家，進醫院五天後便撒手人寰，一句話都沒有留下。我沒有機會抓住你的手，跟你說：我愛你。也沒機會跟你再逛中環的利源東街買衣服，更沒有機會跟你上美國會所吃每個月一頓的專屬我們的「母女午餐」……

身邊的人知道我跟你感情深厚，都生怕我難以接受喪母的打擊。

身邊的人也對我說，時間可以沖淡一切。

那些難過的日子，我知道好好照顧爸爸，好好活下去，將你在我身上留下的美德印記傳承下去，是我的最重要的任務。而那些對你的思念，我將其中的點滴都寫在一本厚厚的記事本上，以作懷念。

媽咪，從沒想過時隔二十多年，今天執筆寫起來，仍是那麼記憶猶新，好像你一直沒有離開，仍鮮活在心中。

我常想，如果你見到今天的我，作家夢成真，也成了一位親子教育的工作者，每天在臉書寫下正面鼓勵的語句，每個星期都有機會向香港的家長傳揚教養孩子的信念，你會否感覺欣慰驕傲？

我相信你會的。是嗎？

非專家的小建議

媽媽走了以後，我對身邊喪母的朋友，都會主動關懷。通常，我會送他們一本精美的筆記簿，讓他們可以一字一句寫下對母親的思念。另一方面，就是主動關懷身邊好友的父母，陪他們逛街聊天。既然自己的爸媽走了，就好好服侍一下人家的爸媽吧！記得媽媽常勸勉我說：幼吾幼以及人之幼，老吾老以及人之老。該是好好實踐的時候了！

35

這幾個失眠的晚上，我可以好好地凝望著熟睡的你。

旁人覺得，我倆是老夫老妻了。你剛退休，剩下來的日子，我們可以照顧孫子，可以四處遊歷，可以好好享受。是嗎，親愛的！

但萬萬沒想到，一次例行的體檢，發現你的身體出現問題。一測再測，更要入院檢查。

幹嘛要這樣大費周章？難道健康出了甚麼大問題？

「不，只是檢查清楚，大家安心！」你這樣安慰我。但對素來愛尋根問底的我，又怎會肯罷休？

在疫情嚴峻的日子入院，真有這個必要嗎？你說：「醫生說最好檢查清楚，愈早發現愈好！」

愈聽，愈心驚。何謂早些知道？你說：「醫生沒多講。」你更沒多提。

但我已按捺不住，上網找過究竟。到最後的答案，見到那三個「口」的字：癌。可能嗎？怎麼一點病徵都沒有？

屈指一算，距離入院還有三個星期。但我跟你的工作日程排得滿滿的，一會兒開網上會議，一會兒主持網上講座，一會兒跟遠方的朋友聊天，還有寫稿錄音的，加上跟乖孫玩耍，忙個不停。

正因為忙碌，沒有太多時間讓我胡思亂想。

還記得那天，你入門口跟我說：「要告訴你一個壞消息！」我心想，有甚麼消息比你入院檢查是否患上絕症更糟的？」

「我們的車子在停車場撞了！」換作平常，我一定焦躁肉痛萬分，到底是部新車。「哦！人沒事就好，小事一樁！」你沒料到我一點不安的反應都沒有。因為車乃身外物，跟你在我心中的地位無法比擬。

然後，見你若無其事回房間工作。本想跟你聊聊入院前後的心理準備，但看你的表情，知道你不願多談。

而事實上，我們又可以談甚麼？談如果「真是壞消息」該怎樣面對？怎樣安排？怎樣治療？十多年前我的身體出了大問題，正準備入院做大手術，當天忐忑的心情又再浮現。

那時，我早已想過，要不要跟你與女兒「交代」甚麼？又或者說「如果有天我返了天家，你們要這樣那樣」之類的話。但最終，我一句都沒提，還拉著你載我到尖沙咀海運大廈的頂樓露天停車場，看那頭在香港維多利亞港亮相的大黃鴨。

那時，我們選擇了「如常」生活，去迎接「大手術」。感恩的是，做完手術出來，結果無大礙，也避過了一個大劫難。

但這次，主角是你不是我。感受大大不同。

好友問：「你會想到將來嗎？」怎會不想。

好幾個無眠的晚上，看著熟睡的你，我在默禱，懇切祈求上帝讓你的檢查平安過渡。

「如果可以，上主給我倆多點共聚的時間，起碼要等到金婚啊！」坦白說，對於能與你共聚的時間有多長，我是貪婪的，總是覺得愈長愈好。因為這正是我們人生最美好的「收成時刻」。

我們的孩子擔心嗎？當然。只是素來喜怒哀愁不形於色的她，電話打多了，雖然只是閒聊幾句，但聽得出她的忐忑。她跟我說：「上網查了好些有關爸爸病情的資料，你讀過這些資料嗎？」

哈哈！原來女兒遺傳了我這種「每事每病」皆是「打爛砂盆查到篤」的個性。

「知道！可能是癌！」那通電話，我倆說到這句，已經無言了。掛了電話，為了轉移注意力，我扭開了電視，選了一齣悲情電影來看。所以當你回家見到我淚流披臉，問為了甚麼事情而這樣傷心，對不起親愛的，我撒了個謊說是看劇看得太投入，被劇中主角深深感動了。

其實不然。是我在擔憂與驚惶的煎熬中，讓淚水淡化那份濃濃的焦慮與難捨。恩愛結縭快四十三年，卻從沒好好端詳熟睡的你，因為通常我比你早眠。你常說我睡在床上，一個轉身便呼呼大睡了。

是的。**所以這幾個失眠的晚上，我可以好好凝望著熟睡的你，想到如果日後沒有你的日子會是怎樣……已經不想再想下去**。家中唯一知道我熱淚盈眶的，就只有那頭垂垂老矣的柴犬 Nikita，牠好像有種感應似的，知道我跑了出客廳飲泣，就乖乖坐在我身旁哀鳴，安靜地陪著我哭。

親愛的，你知道我最害怕是哪天嗎？就是陪你在醫院等檢查報告的那天。心中既忐忑又恐懼，但表面卻仍故作鎮定，問你午餐吃甚麼？醫院的護士是否每個小時量血壓……故意談些身邊見聞，不碰那敏感的「報告」話題。

到黃昏，醫生終於出現。他站在病床那端拿著報告，感覺就像是一個判刑的法官似的。

「報告查不出甚麼大問題，放心！」

嘩！心中連連叫好，幾乎想頓足歡呼。太好了！沒事就太好了！害羞的我倆，沒有大動作，只是緊緊握著彼此的手，不放，深深盼望可以這樣緊握下去，直到地老天荒……

親愛的，看見身邊有好幾位同齡的朋友，配偶都患上絕症。那份擔驚受怕，不是人人都能承受的。感恩的是這趟人生試煉，你我都倖免了。也正因這樣，激發我們更加要關懷身邊碰到同樣情境的人，主動多走一步，多問候一句。因為那種惶惶不可終日的心情，我們都曾深深體會。

非專家的小建議

每個人的內心，面對這些「天有不測之風雲」的時刻．都要儲備一些信念或人生的金句來面對，如「大難不死，必有後福」、「船到橋頭自然直」、「見步行步」、「一天憂慮一天當」等，對我來說，最真實的那句是「天有不測之風雲，主有奇異的恩典」。

責任編輯
羅文懿

書籍設計
三聯設計部

書名
我有分數

作者
羅乃萱

出版
三聯書店（香港）有限公司
香港北角英皇道四九九號北角工業大廈二十樓
Joint Publishing (H.K.) Co., Ltd.
20/F., North Point Industrial Building,
499 King's Road, North Point, Hong Kong

香港發行
香港聯合書刊物流有限公司
香港新界荃灣德士古道二二〇至二四八號十六樓

印刷
美雅印刷製本有限公司
香港九龍觀塘榮業街六號四樓A室

版次
二〇二二年七月香港第一版第一次印刷
二〇二三年三月香港第一版第二次印刷

規格
三十二開（125mm x 183 mm）三一二面

國際書號
ISBN 978-962-04-5018-1

三聯書店
http://jointpublishing.com

JPBooks.Plus
http://jpbooks.plus